POLYGLOTT on tour

Niederlande

Die Autoren

Egon Boesten,

gebürtiger Niederländer, hat viele Reportagen und etliche Reisebücher über seine Heimat veröffentlicht.

Dirk Sievers

ist seit Jahren als Reisejournalist tätig und verfasste mehrere Publikationen über Flandern und die Niederlande.

Christine Rettenmeier

kennt als freie Reiseleiterin viele Länder der Welt. Ein Ziel, das sie immer wieder bereist, sind die Niederlande. Die Diplom-Journalistin bearbeitete den gesamten Band neu. Sie verfasste auch den Polyglott on tour Amsterdam sowie die Neubearbeitungen der Titel Steiermark und Niederbayern Oberpfalz.

REISEPLANUNG

LAND & LEUTE

TOP-TOUREN IN DEN NIEDERLANDEN

Das Fahrrad (fiets) ist in den Niederlanden ein allgegenwärtiges Verkehrsmittel

Erst-! klassig

REISE-
PLANUNG

Bunte Blütenpracht im Keukenhof

Die Reiseregion im Überblick

Tulpenfelder, Windmühlen, Grachtenidylle und eine schier endlose Küste mit Sportangeboten, Badespaß und vielen Events prägen das Bild vom »gemütlichen Holland«. Doch mit diesen Klischees, die auch in der Tourismuswerbung gern zitiert werden, haben die Niederlande ihre Reize noch längst nicht ausgespielt: Moderne Architektur, innovative Museumskonzepte, pfiffige Gastronomie, schicke Wellness-Oasen und originelle Attraktionen machen das kleine, flache Land zwischen Nordsee, Rheindelta und Dollart zu einem Reiseziel voller Überraschungen.

Amsterdam lohnt wegen seiner berühmten Kunstmuseen, seines Grachtengürtels und seiner Kneipen und Märkte stets einen Besuch.

Im **Norden** reizt das flache Friesland mit unzähligen Varianten von Himmelblau und Wiesengrün, getupft mit verträumten Klinkerstädtchen, charmanten Museen, alten Zugbrücken. Doch die Region hat noch mehr zu bieten: das Museum in Groningen, das Wohnzimmer-Planetarium in Franeker und die fünf Inseln im Wattenmeer.

Ganz oben auf der Beliebtheitsskala deutschsprachiger Reisender steht die abwechslungsreiche **Nordseeküste,** an der sich Campingplätze, Strandbäder und Dünenreservate aneinanderreihen. Familien finden hier günstige Ferienquartiere, Freizeitkapitäne bevorzugen die Region um das IJsselmeer. Nur einen Steinwurf von der Küste entfernt liegen alte Handelsstädte wie Delft, Leiden und Haarlem; das moderne Rotterdam nennt sich stolz »Klein-Manhattan an der Nordsee«.

In der **Landesmitte** haben sich Städte wie Utrecht, Arnhem und Apeldoorn mit bedeutenden Kunst- und Kulturstätten geschmückt. Der Museumspark in der Hoge Veluwe, die LandArt-Projekte in Flevoland und die schmucken Hansestädte an der IJssel sind ebenso charmante wie beliebte Ziele.

Auch der **Süden** des Landes, zwischen Maastricht, Venlo und 's-Hertogenbosch, trumpft nicht nur in den historischen Städten auf, sondern lockt auch mit Attraktionen wie dem Labyrinth von Vaals und dem Schlosspark von Arcen.

Die Distanzen in den Niederlanden sind gering, das sehr gut ausgebaute Straßennetz macht die Orientierung leicht. Lassen Sie sich überraschen!

Typisches Einzelgehöft in Drenthe

Extra-Touren

Tour 1 Entdeckerwoche an der Nordseeküste

Tour-Übersicht:
Bergen op Zoom › Vlissingen › Middelburg › Zierikzee › Delft › Den Haag › Keukenhof › Haarlem › Wijk aan Zee › Bergen › Den Helder › Texel › Harlingen › Leeuwarden › Groningen

Distanzen:
Bergen op Zoom › Middelburg 72 km; **Middelburg › Zierikzee** 26 km; **Zierikzee › Delft** 50 km; **Delft › Den Haag** 10 km; **Den Haag › Haarlem** 48 km; **Haarlem › Den Helder** 80 km; **Den Helder › Leeuwarden** 93 km; **Leeuwarden › Groningen** 58 km

Verkehrsmittel:
Für diese Tour braucht man ein Auto, denn das Bahn- und Busnetz weist v.a. in Zeeland und Friesland große Lücken auf. Auf Texel und Vlieland kann man überall Fahrräder leihen. Fährverbindungen auf die Watteninseln gibt es ab Den Helder und Harlingen › S. 65.

Freizeitspaß auf dem Wasser bestimmt das Sommerleben in **Bergen op Zoom** › S. 76, wo diese Erkundungstour entlang der Nordseeküste mit einem Besuch des Rheindeltas beginnt, das in den Niederlanden als Schelde bezeichnet wird. Im Hafen von **Vlissingen** › S. 77 auf der Insel Zuid-Beveland flanieren die Matrosen der Königlich-Niederländischen Marine, während in ***Middelburg** › S. 78 (Übernachtung) ein mittelalterliches Flair durch die Gassen weht.

Für technisch Interessierte lohnt sich am zweiten Reisetag eine Fahrt über das Sturmflutwehr der Oosterschelde mit Besuch der ****Delta Expo** › S. 81, die das Wasserbauprojekt Delta Plan erläutert, bevor man sich im Festungsstädtchen ***Zierikzee** › S. 80 auf der Insel Schouwen Duiveland ein zweites Frühstück mit Blick auf historische Fassaden gönnt. Auf der N57 nach Norden folgt man dem Verlauf der Küste bis nach ****Delft** › S. 87, der Stadt der Fayencen. Wie in einem Freilichtmuseum kann man zwischen der Gracht Oude Delft und dem Marktplatz einen typisch holländischen Abend mit Hausmannskost und einem kühlen Bierje genießen.

Der dritte Tag steht im Zeichen von Macht und Pracht: In ***Den Haag** › S. 88 tagen die Regierung der Niederlande und der Europäische Gerichtshof, die Gemäldesammlung im Mauritshuis (bis Mitte 2014 im Gemeente-

› Karte Umschlag

Strandrestaurant in Bergen aan Zee

museum) ist weltberühmt. Am Nachmittag erkundet man die altehrwürdige Universitätsstadt ****Leiden › S. 90**; im Frühjahr genießt man die Blütenpracht im ****Keukenhof › S. 95**. Ein gemütliches Quartier findet sich in ****Haarlem › S. 95**; ein Bummel durch das malerische Zentrum ist ein schöner Abschluss dieses abwechslungsreichen Tags.

Entlang der Nordseeküste passiert man am vierten Reisetag das ****Noordhollands Duinreservaat › S. 98**. Immer wieder bieten sich Abstecher in nostalgische Seebäder wie **Wijk aan Zee › S. 99** oder **Bergen › S. 99** an, bevor man in Den Helder die Fähre nach ***Texel › S. 65** nimmt (stündlich zur halben Stunde, Dauer 20 Min.).

Zeit für einen Ruhetag: Auf Texel, der größten der fünf niederländischen Inseln im Watt, erreicht man das Informationszentrum Ecomare oder die Dörfer im Nordosten umweltfreundlich mit dem Mietfahrrad.

Der sechste Reisetag beginnt mit der Fährüberfahrt zurück nach Den Helder und einer Fahrt über den ***Afsluitdijk › S. 100**, den gewaltigen Schleusendamm, der das IJsselmeer von der Nordsee abtrennt. In ***Harlingen › S. 58** begeistern die schmucken Fassaden der Handelshäuser, in ***Franeker › S. 58** das Planetarium Eise Eisinga. Übernachten kann man im stimmungsvollen ****Leeuwarden › S. 56**.

Frieslands ländliche Idylle um das **Vogelschutzgebiet Lauwersmeer › S. 57** und die **Seehundstation Pieterburen › S. 56** prägt am letzten Reisetag den Weg nach ****Groningen › S. 53**. Moderne Gebäude wie das Groninger Museum stehen in reizvollem Kontrast zur Postkartenidylle der Grachten – und nachts sorgen die Studenten für Trubel.

Tour 2 Eine Woche Hansepracht und hohe Kunst

Tour-Übersicht:
Amsterdam › Haarlem › Den Haag › Rotterdam › Utrecht › Zutphen › Deventer › Zwolle › Kampen

Distanzen:
Amsterdam › Haarlem 21 km; **Haarlem › Den Haag** 50 km; **Den Haag › Rotterdam** 27 km; **Rotterdam › Utrecht** 67 km; **Utrecht › Zutphen** 87 km; **Zutphen › Deventer** 18 km; **Deventer › Zwolle** 35 km; **Zwolle › Kampen** 48 km

Verkehrsmittel:
Die Bahn ist eine günstige und praktische Alternative zum Auto. Mit der 5-Dagkaart kann man die Verbindungen zwischen den Städten (meist alle 30 Min.) an fünf aufeinanderfolgenden Tagen beliebig oft nutzen. Informationen in den Reisecentern der Deutschen Bahn und unter www.ns.nl. In Amsterdam bietet sich die I amsterdam Card an › **S. 47**.

Die erste Adresse für einen Kurzurlaub im Zeichen von Kunst und Kultur ist die Hauptstadt ***Amsterdam** › **S. 38**. Zwei Tage muss man einplanen, um wenigstens das Rijksmuseum, das Stedelijk Museum, das Van-Gogh-Museum und die Eremitage Amsterdam zu besuchen. Spaziergänge durch die Gassen des Jordaan, die modernen Wohnwelten im Oostelijke Havengebied und die Shoppingmeile Kalverstraat sowie eine Grachtenrundfahrt runden das Stadterlebnis ab.

Am Morgen des dritten Tages erreicht man in knapp 30 Minuten die Kunststadt **Haarlem** › **S. 95** mit St. Bavokerk und Frans-Hals-Museum. Am Nachmittag ist Zeit für einen Bummel durch ***Den Haag** › **S. 88**, den Regierungssitz mit internationalem Flair und königlicher Gemäldesammlung im Mauritshuis (bis Mitte 2014 im Gemeentemuseum).

Tag vier vergeht schnell auf den Straßen und Boulevards des multikulturellen **Rotterdam** › **S. 83**, wo eine große Vergangenheit auf hypermoderne Architektur trifft. Gekippte Würfelhäuser und Wohntürme überragen die Fassaden alter Handelshäuser und den Museumspark mit der Kunsthal sowie dem Museum Bojmans van Beuningen.

Eine kurze Fahrt endet am fünften Tag in **Utrecht** › **S. 121**, das mit seinen Grachten, alten Kirchen und dem Centraal Museum glänzt. Das funktional-elegante Rietveld-Schröderhuis ist eine Pilgerstätte für Minimalisten.

Wie Perlen reihen sich am sechsten Reisetag kleine Hansestädte mit gediegenen Backsteinbauten und originellen Geschäften am Fluss IJssel auf: Prächtige Portale und die opulent ausgestattete St. Walburgskerk locken nach ****Zutphen** › S. 113. Auch in ****Deventer** › S. 116 erinnern historische Fassaden an den vergangenen Glanz als Handelszentrum. Das schmucke Tagesziel ***Zwolle** › S. 117 wird vom mächtigen Turm der Onze-Lieve-Vrouwe-Basiliek überragt.

Die reiche Hansestadt ***Kampen** › S. 118, die man zum Ende der Reise am siebten Tag erkundet, profitiert von der Nähe zum IJsselmeer ebenso wie von den großartigen Bauwerken im historischen Zentrum. Das gotische Rathaus, die Nikolaaskerk und die köstlichen frischen Heringe sprechen dafür, noch ein wenig länger zu bleiben …

Tour 3 Vier Tage voller blühender Attraktionen

Tour-Übersicht:
Amsterdam › Keukenhof › Apeldoorn › Arnhem › Appeltern › Lottum › Vaals › Maastricht

Distanzen:
Amsterdam › Keukenhof 26 km; **Keukenhof › Apeldoorn** 125 km; **Apeldoorn › Arnhem** 30 km; **Arnhem › Appeltern** 40 km; **Appeltern › Lottum** 75 km; **Lottum › Vaals** 105 km; **Vaals › Maastricht** 37 km

Verkehrsmittel:
Da die schönsten Gärten, Parks und Grünanlagen der Niederlande abseits der großen Ballungszentren erblühen, ist für diese Tour ein eigenes Fahrzeug unverzichtbar. Leihfahrräder erhält man bei den Tourismus-Büros in Lisse, Apeldoorn, Arnhem und Maastricht.

Der späte Frühling ist der ideale Reisetermin für diese Tour. Dank ehrgeiziger Gärtner und einfallsreicher Landschaftsdesigner kann man aber auch im Sommer und Herbst viele prächtig blühende botanische Überraschungen erleben; der Keukenhof ist dann allerdings geschlossen. Die Führungen auf dem Landgut De Wiersse bei Arnhem finden nur von April bis Oktober donnerstags und am ersten Samstag im Monat statt – wer dorthin will, muss entsprechend planen.

Von *****Amsterdam** › S. 38 führt eine kurze Autofahrt zum ****Keukenhof** › S. 95, dem klassischen Tulpenparadies bei Lisse. Es öffnet seine Tore von Mitte März bis Mitte Mai. Auch die weltgrößte Lilienschau und viele andere Veranstaltungen locken in dieser Zeit Hunderttausende auf das Gelände. Etwas ruhiger gestaltet sich eine nachmittägliche Fahrradtour auf der Bollenstreek zwischen Hillegom und ****Leiden** › S. 90, durch das weltgrößte geschlossene Anbaugebiet für Zierblumen. Nach einer Übernachtung in **Apeldoorn** › S. 114 steht ein Besuch der königlichen Sommerresidenz, des

***Palais Het Loo** mit seinen barocken Gärten, auf dem Programm, bevor man Richtung **Arnhem › S. 112** reist, um die »grünen Zimmer« der Parkanlagen um das Wasserschloss Middachten zu bewundern. Über Nachtbleibt man in Arnhem.

Am Vormittag des dritten Reisetages lohnt eine Führung durch das Landgut **De Wiersse › S. 114**, bevor man durch die hügelige Landschaft der Veluwe Richtung Süden fährt. Ziel ist das Gartendorf **Appeltern › S. 111**, in dem Gartendesigner und Fachhändler zeigen, wie man blühende Mini-Paradiese schafft. In Rosen gebettet kann man in **Lottum › S. 134** übernachten, wo jährlich rund 20 Mio. Strauchrosen gezüchtet werden. Folglich beginnt der vierte Reisetag mit einem Bummel durch das Rosendorf und endet mit der fröhlichen Suche nach dem Ausgang aus dem großen Heckenlabyrinth von **Vaals › S. 130**, direkt an der deutsch-niederländisch-belgischen Grenze. Krönender Abschluss ist ein Gourmet-Dinner in der Provinzhauptstadt ***Maastricht › S. 127**.

Tour 4 Ein langes Wochenende auf der Oranierroute

Tour-Übersicht:
Amsterdam › Delft › Breda › Buren › Apeldoorn › Leeuwarden

Distanzen:
Amsterdam › Delft 70 km; **Delft › Breda** 66 km; **Breda › Buren** 70 km; **Buren › Apeldoorn** 80 km; **Apeldoorn › Leeuwarden** 130 km

Verkehrsmittel:
Mit dem Auto ist man flexibel unterwegs. Die Tour ist zwar auch mit Bahn und Bus machbar, allerdings sollte man dann mindestens vier Tage einplanen.

Seit dem 16. Jh. prägt das Adelshaus Oranien-Nassau die Geschichte der Niederlande; sein Ursprung liegt jedoch in Hessen. Die gut ausgeschilderte Oranierroute verbindet auf 2400 km historisch bedeutende Städte zwischen Amsterdam, Berlin und Nassau.

Dieser Tourvorschlag orientiert sich an den niederländischen Wirkungsstätten des Hauses Oranje: In der Nieuwe Kerk von *****Amsterdam › S. 38** werden seit 1814 die Könige der Niederlande inthronisiert. Ex-Königin Beatrix heiratete 1966 in der Westerkerk den Deutschen Claus von Amsberg, König Willem Alexander, der 2013 den Thron bestieg, feierte seine Hochzeit 2002 im Koninklijk Paleis auf dem Dam.

Ihre letzte Ruhestätte finden die Oranier im Grabkeller der Nieuwe Kerk von ****Delft › S. 87**, die man am zweiten Reisetag besuchen sollte, ebenso wie

Das Palais Het Loo, ein ehemaliges Königsschloss im Nordwesten von Apeldoorn

den Prinsenhof aus der Zeit des berühmten Wilhelm von Oranien und die historische Porzellanfabrik Porceleyne Fles. In ***Breda** › S. 81 findet man in der altholländischen Grote Kerk die prächtigen Grabmale der Nassauer Grafen und in der kleinen Festungsstadt **Buren** › S. 111 das Museum Buren & Oranje. Ein abendlicher Bummel durch **Apeldoorn** › S. 114 stimmt ein auf den Besuch des ***Palais Het Loo** mit seinem prachtvollen Barockgarten am dritten Reisetag. Nachmittags fährt man durch das flache Friesland zur ehemaligen Hofresidenz der Oranier, nach ****Leeuwarden** › S. 56. Dort endet die Tour mit einem Spaziergang zum Stadhouderlik Hof, zum Museumspalast Princessehof und zur Grote Kerk.

Klima & Reisezeit

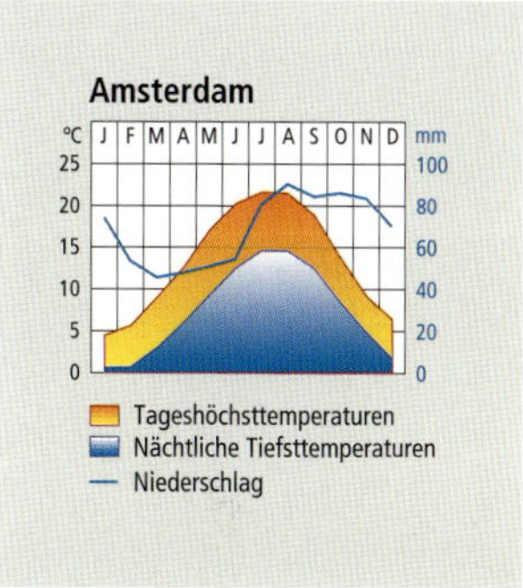

Vom Golfstrom gemäßigtes Seeklima bedingt angenehme Sommer, in denen die Temperaturen selten über 27 °C steigen, und relativ milde, ausgeglichene, aber oft regenreiche Winter. Die regionalen Klimaunterschiede halten sich in Grenzen. In Limburg, Zeeland und auf den Watteninseln scheint die Sonne häufiger als im übrigen Binnenland, Regenfronten ziehen besonders im Frühjahr in aller Regel schnell übers Land. An der Küste bläst stetig der – manchmal böige – Wind aus Nordwest.

Die kulturellen Highlights des Landes sind das ganze Jahr über eine Reise wert. Blumenfreunde genießen die Farbenpracht der Bollenstreek im April oder Mai, Strandurlauber reisen zwischen Mai und September, wobei es in der Ferienzeit (Juli/August) an den Stränden der größeren Badeorte voll wird und Unterkünfte schnell ausgebucht sein können. Auch während der Maiferien nach dem Koninginnendag am 30. April sind die populären Ausflugsziele sehr gut besucht. In der Wintersaison zählen besonders die Städte Amsterdam, Delft, Haarlem und Leiden zu den attraktiven Destinationen.

Anreise

Mit dem Flugzeug

Der Flughafen Schiphol (www.schiphol.nl) liegt 18 km südlich von Amsterdam. Alle 15 Min. verkehren Züge von und nach Amsterdam, Den Haag und Rotterdam. Rotterdams internationaler Airport (www.rotterdam-airport.nl) 6 km nördlich des Stadtzentrums wird aus dem deutschsprachigen Raum derzeit nur von München angeflogen.

Mit dem Auto

Über die Autobahn sind die Niederlande bequem zu erreichen: Über Oberhausen führt die A 12 Richtung Utrecht, von Köln die A 67/E 31 über Venlo Richtung Rotterdam, aus Hamburg/Berlin erschließt die A 7/E 22 über Groningen das Land. Aus Süddeutschland kommend wird man über Nürnberg bzw. Stuttgart und Frankfurt nach Köln weiter in die Niederlande reisen.

Mit der Bahn

Mehrmals täglich fahren ICE- und IC-Züge nach Amsterdam, Utrecht und Rotterdam. Von Frankfurt braucht der ICE etwa vier Stunden bis nach Amsterdam, von Köln knapp drei. Eine komfortable Variante sind die Nachtreisezüge CityNightLine ab Berlin, Dresden, Stuttgart, München und Zürich über Köln, Düsseldorf, Arnhem und Utrecht nach Amsterdam. Die Bahn bietet günstige Spartarife an (www.bahn.de).

Mit dem Bus

Von vielen deutschen Großstädten gelangt man mit den Bussen der Deutschen Touring nach Arnheim, Eindhoven, Utrecht, Groningen, Amsterdam, Den Haag und Rotterdam (www.touring.de).

Reisen im Land

Mit dem Auto

Verkehrsschilder weisen meist die Verbindungen über das Autobahnnetz und großzügig dimensionierte Ringstraßen aus, Nebenstrecken sind etwas schwerer zu finden. Die Höchstgeschwindigkeit beträgt auf Autobahnen 120 km/h, auf Landstraßen 80 km/h, in Ortschaften 50 km/h. Die Promillegrenze liegt bei 0,5, es gilt Gurtpflicht für alle Fahrzeuginsassen. Bei Unfällen und Pannen hilft der niederländische Automobilclub **ANWB**, Tel. 0 800/08 88.

Mietwagen sind in allen größeren Städten zu bekommen. Generell ist die Vorausbuchung vom Heimatland aus günstiger.

Für VERKEHRSSÜNDER hat man sich so einiges einfallen lassen: künstliche Bodenwellen (sog. Drempels), versenkbare Zufahrtssperren, einfallsreich platzierte Radarfallen und hohe Strafen für Regelverstöße.

Mit Bahn und Bus

Mit der Bahn (Nederlandse Spoorwegen) erreicht man dank des dichten Streckennetzes fast alle sehenswerten Orte; das regionale Busnetz Connexxion sorgt für die Anbindung kleinerer Dörfer oder Badeorte. Im Halbstunden- oder Stundentakt bis tief in die Nacht verkehren Züge zwischen Amsterdam, Den Haag, Rotterdam und Utrecht.

Zu den attraktiven Sondertarifen zählen u.a. Tagesnetzkarten (Dagkaart) und Zomertoer-Tickets (gültig im Juli/August an 2 innerhalb von 7 Tagen). Kinder zwischen 4 und 11 Jahren in Begleitung eines Erwachsenen nutzen auf allen Strecken das günstige Railrunner-Ticket.

Erst-klassig

An 38 Bahnhöfen im Land warten Sammeltaxis (Treintaxis), die Bahnreisende günstig zu jeder beliebigen Adresse im Stadtgebiet bringen.

Nederlandse Spoorwegen
- www.ns.nl

Connexxion
- www.connexxion.nl

Treintaxi
- Tel. 09 00-8 73 46 82 (0,35 €/Min.)
  www.treintaxi.nl (nur Niederländisch)

Bis mindestens 2015 müssen Reisende an den Bahnhöfen Amsterdam Centraal, Rotterdam Centraal und Delft wegen umfangreicher BAUMASSNAHMEN mit ständig wechselnder Wegeführung rechnen.

Vorsicht: Entenwanderung

Stadtverkehr

Das Nahverkehrssystem in den Großstädten ist sehr gut ausgebaut. Die Nationale Strippenkaart (Streifenkarte) gilt landesweit in allen Nahverkehrsmitteln, innerhalb der Stadtgrenzen von Amsterdam, Rotterdam, Utrecht und Den Haag auch für den Zugverkehr. Die Zahl der zu entwertenden Streifen richtet sich nach den Zonen (Übersicht an den Haltestellen), wobei stets ein Streifen extra als Grundtarif entwertet werden muss. Die Karte ist in Bahnhöfen, Postämtern, Tabakläden und VVV-Infobüros erhältlich.

Sport & Aktivitäten

Die Niederländer kämpfen nicht nur seit Jahrhunderten gegen das Wasser, sie haben auch Spaß daran. Neben Wassersport in allen Varianten gibt es herrliche Wandermöglichkeiten und ausgezeichnete Golfplätze.

Wassersport

Baden, Segeln, Surfen – an den Küsten von Nordsee und IJsselmeer sowie auf den Inseln locken wunderbare Sandstrände mit hervorragender Infrastruktur die Wassersportler.

GELBE UND ROTE FAHNEN markieren Strandbereiche mit riskanter Strömung oder gefährlicher Brandung. Im Sommer sind viele Strände bewacht. Kinder sollten nicht unbeaufsichtigt am Meeressaum spielen. Bei stürmischem Wetter mit hohem Wellengang sind (meist unbeheizte) Pools in Hotels und Feriensiedlungen eine Alternative zum Bad im Meer.

Gemütlich segelt man auf einem traditionellen Fischerboot über die 30 Seen Frieslands, in den Kanälen und Flüssen kann man mit einer

SPECIAL

Unterwegs mit Kindern

Die Niederlande sind ein erstklassiges Urlaubsziel für Familien, besonders im Sommer. Die Nordseeküste mit ihren langen Stränden zwischen Zeeland im Süden und dem nordholländischen Dünenreservat sowie den fünf Watteninseln präsentiert sich als Ferienparadies für Kinder jeden Alters. Zudem gibt es im ganzen Land Freizeitparks, Märchenwälder, Erlebniswelten, Zoos oder spezielle Kindermuseen.

Freizeitparks en masse

Niederländische Erlebniswelten sind ein teurer Spaß, punkten aber mit etlichen Attraktionen, Loopingbahnen, Kindershows, Abenteuerlandschaften und leckerem Fast Food. Sogar thematisch abgestimmte Nachtquartiere kann man buchen, schließlich stammt auch die Idee der Center Parks aus Nederland. Spitzenreiter unter den Freizeitparks sind das mit Attraktionen gespickte Märchenland **De Efteling** und der Achterbahnpark **Walibi World** auf Flevoland. Von der Nordseeküste sind die Miniaturlandschaften von **Madurodam** bei Den Haag und der Erlebnispark **Duinrell** in Wassenaar gut erreichbar. Im Landesinneren ziehen das Märchenparadies **Toverland** in Limburg oder **Slagharen** nahe Hogeveen u.a. Tagesausflügler aus Deutschland an. Duinrell bietet ein Tropen- und Wellenbad, auch Slagharen hat ein tolles Bad. Ein weiteres Spaßbad, **Mosaqua,** lockt in Gulpen (zwischen Aachen und Maastricht).

In der Regel sind alle Parks von April bis Okt. täglich geöffnet, viele im Sommer bis spätabends.

- **De Efteling**
  Europalaan 1
  5171 KW Kaatsheuvel
  Tel. 09 00/01 61
  www.efteling.nl
- **Walibi World**
  Spijkweg 30
  8256 RJ Biddinghuizen

Tel. 03 21/32 99 99
www.walibiworld.nl

- **Madurodam**
George Maduroplein 1
2584 RZ Den Haag
Tel. 0 70/4 16 24 00
www.madurodam.nl
- **Duinrell**
Duinrell 1
2242 JP Wassenaar
Tel. 0 70/5 15 52 58
www.duinrell.nl
- **Toverland**
Toverlaan 2
5975 MR Sevenum
Tel. 0 77/4 67 70 50
www.toverland.nl
- **Slagharen**
Zwarte Dijk 37
7776 PB Slagharen
Tel. 05 23/68 30 00
www.attractiepark-slagharen.nl
- **Mosaqua**
Landsraderweg 11
6271 NT Gulpen
Tel. 0 43/4 50 74 00
www.mosaqua.nl

Tierparks

Die schönsten und größten Anlagen der Niederlande sind neben dem einzigartigen Affenpark **Apenheul** › S. 115 der Amsterdamer **Artis Dierentuin** › S. 44 mit mehr als 6000 Tieren sowie **Burger's Zoo** in Arnheim mit seinen großen Gehegen und drei weitläufigen Landschaftshallen. Darin spaziert man durch Regenwald oder durch einen Mangrovensumpf mitsamt Bewohnern.

- **Burger's Zoo**
Antoon van Hooffplein 1
6816 SH Arnhem
Tel. 0 26/4 42 45 34
www.burgerszoo.nl
April–Okt. tgl. 9–19, sonst bis 17 Uhr.

Spielen in neuer Dimension

Der **Linnaeushof** bei Haarlem ist mit mehr als 350 Attraktionen und Spielgeräten Europas größter Spielplatz. Ähnliches in kleinerem Maßstab bietet das **Speelland Beekse Bergen** bei Tilburg, das zudem mit seinem benachbarten Safaripark auftrumpft.

- **Linnaeushof**
Rijksstraatweg 4
2121 AE Bennebroek
Tel. 0 23/5 84 76 24
www.linnaeushof.nl
April–Okt. tgl. 10–18 Uhr
- **Speelland Beekse Bergen**
Beekse Bergen 1
5081 NJ Hilvarenbeek
Tel. 0 900/2 33 57 32
www.beeksebergen.nl
Tgl. 10–17, Juli/Aug. bis 18 Uhr.

Stichwort Ontdekhoek

Spannende »Entdeckerecken« mit vielen Bastel-, Spiel- und Experimentierangeboten und netten, mehrsprachigen Betreuern kann man nutzen in:

- **Amsterdam**
Burgemeester Hogguerstr. 2
www.ontdekhoek.nl
Di–Sa 10–17 Uhr,
- **Rotterdam** | Pannekoekstr. 55
- **Den Bosch** | Onderwijsboulevard 3
- **Zwolle**
Hogeschool Windesheim
Campus 2–6, Geb. T134 und
- **Sittard** | Valkstr. 10

Mietjacht, einem einfachen Kajütboot oder per Kajak auf Tour gehen.

Surfunterricht für Anfänger gibt es in allen Badezentren; wer sich allein auf die Nordsee hinauswagen will, sollte Erfahrung mitbringen. Auch Trendsportarten wie Blokart, Powerkiten und Wasserski kann man vielerorts ausprobieren.

Kontaktadressen und Broschüren beim **Niederländischen Büro für Tourismus & Convention** (› S. 139; www.niederlande.de) sowie bei den regionalen Informationsbüros (VVV).

Locaboat Plaisance

Erst-! klassig

Vermittelt gemütliche Hausboote, die führerscheinfrei durch Hollands schönste Wasserlandschaften zu steuern sind.

- Ludwigstraße 1
- 79104 Freiburg
- Tel. 07 61/2 07 37 73
- www.locaboat.de

Fahrradfahren

› **Special S. 63**

Wandern

Überall im Land kann man ausgeschilderten Themenrouten folgen, an Volkswandertagen sowie während der nationalen Wanderwoche Anfang Mai durchstreifen Tausende die Landschaft. Beliebte Fernwanderwege sind u.a. der 490 km lange Pieterpad, der das Land von Nord nach Süd durchquert, und der 164 km lange Hansestädtepfad (Doesburg – Zutphen – Deventer – Kampen). Der Nederlandse Kustpad folgt als Teil des europäischen North Sea Trail der niederländischen Küste (725 km).

Wandelsport Bond

- Pieterskerkhof 22
- 3512 JS Utrecht
- Tel. 0 30/2 31 94 58
- www.nwb-wandelen.nl
  (nur Niederländisch; Infos zum Wegenetz auch auf www.niederlande.de)

North Sea Trail

- www.northseatrail.org

Reiten

Zahlreiche Reitställe, vor allem in Zeeland, vermieten Pferde für Ausritte entlang der vielen ausgeschilderten Reitpfade durch den Dünengürtel oder am Meeressaum entlang. Auch Kutschentouren am Strand werden angeboten.

Nederlandse Vereniging voor Vrijetijds Ruiters

- Weenderstraat 75
- 9541 TB Vlagtwedde
- Tel. 0 35/5 48 36 50
- www.nvvr.info
  (nur Niederländisch; Infos zum Wegenetz auch auf www.niederlande.de)

Golf

Zwischen Dünen, Meer und Kiefernwäldern stehen viele Plätze von internationalem Niveau auch Gästen gegen eine moderate Greenfee offen. Aktuelle Infos erhält man unter www.niederlande.de (u.a. eine Liste aller Plätze) und bei den Touristenbüros (VVV). Die Websites des Niederländischen Golfvereins, www.nhl.nl und www.golfsite.nl, stehen nur auf Niederländisch zur Verfügung; auf Letzterer findet man jedoch unter der Rubrik »Banen« eine Auflistung aller Golfplätze.

Erholsame Radtouren auf Schiermonnikoog

Wellness

Wo schon römische Heerführer in prächtigen Thermen entspannten, können Besucher auch heute die wohltuende Wirkung von fluorid- und jodidreichem Thermalwasser genießen. Die meisten Bäder liegen im Süden der Niederlande. Das **Thermaalbad Arcen** nördlich von Venlo lockt mit Wellnesstagen und Körperpackungen für die Schönheit. Auch die Sauna- und Badelandschaft **Thermae 2000** in Valkenburg bei Maastricht führt sämtliche aktuellen Wellnesstrends im Angebot, zusätzlich kann man sich bei den Thermae-Lounge-Abenden bis 1 Uhr nachts zu cooler Entspannungsmusik auf blauen Luftmatratzen im warmen Wasser treiben lassen. Nördlich von Maastricht relaxt man in den Becken und Saunen der **Thermen Born,** und in Nijmegen bietet die Thermenanlage **Sanadome** verschiedene Kräuterwhirlpools und ein großes Salzwasserbecken.

Ganz im Norden des Landes versprechen die **Fontana-Thermen** in Bad Nieuweschans an der deutschen Grenze einen abwechslungsreichen Tag in Schwimmbecken, Whirlpools und verschiedenen Saunen.

Thermaalbad Arcen
- Klein Vink 11
- Tel. 0 77/4 73 24 24
- www.thermaalbad.nl
- tgl. 8–23 Uhr.

Thermae 2000
- Cauberg 25
- Tel. 0 43/6 09 20 00
- www.thermae.nl
- tgl. 9–23 Uhr.

Thermen Born
- Langereweg 21 a
- www.thermenborn.nl
- tgl. 11–23 Uhr.

Sanadome
Weg door Jonkerbos 90
www.sanadome.nl
tgl. 9–23.30 Uhr.

Fontana-Thermen
- Weg naar de Broon 3–9
- www.fontananieuweschans.nl
- tgl. 9–22.45 Uhr.

Kleine bunte Strandhäuschen sind vielerorts an der langen Nordseeküste zu finden

Unterkunft

Über Buchungsplattformen im Internet wie www.hrs.com, www.hotels.nl oder www.booking.com/niederlande kann man – auch kurzfristig – günstige Arrangements ergattern, vergleichen lohnt sich. Ausgewählte Quartiervorschläge der Fremdenverkehrsverbände findet man unter www.niederlande.de. Auch die meisten Informationsbüros vor Ort (VVV) bieten einen Buchungsservice an.

Hotels

Sämtliche Hotels unterliegen der »Benelux-Hotel-Klassifizierung«, die sich nach der Ausstattung des jeweiligen Hauses richtet. Generell ist der Standard der niederländischen Hotellerie etwas einfacher als in Deutschland oder Österreich, und die Preise sind im europäischen Vergleich relativ günstig, in der Sommersaison liegen sie um 20 bis 30% höher als während der restlichen Monate.

Bed & Breakfast

Eine reizvolle Alternative zu einer Übernachtung in den Hotels, vor allem in den Städten, bieten mehr als 3500 B&B-Gastgeber mit sehr individuellen Schlafgelegenheiten. Übernachtungsmöglichkeiten in schmucken, traditionell eingerichteten Herrschaftszimmern von Bauernhöfen vermittelt der Verband De Pronkkamer.

Bed & Breakfast Service Nederland
- Hallenstraat 12 a
- 5531 AB Bladel
- www.bedandbreakfast.nl

De Pronkkamer
- Tel. 05 95/42 52 31
- www.pronkkamer.nl

Jugendherbergen

27 sog. Stayokay Hostels mit insgesamt 5000 Betten sind meist zentral in historischen Gebäuden oder in

landschaftlich reizvoller Randlage eingerichtet. Dort gibt es preiswerte Familienzimmer und Mehrbettunterkünfte sowie Tipps für das Besuchsprogramm. Vorbuchung per Internet empfohlen. Einen Jugendherbergsausweis braucht man nicht.

Stichting Stayokay
Maassluisstraat 414
- 1062 GS Rotterdam
- Tel. 0 20/5 51 31 55
- www.stayokay.com

Übersicht über die unabhängigen Hostels in den Niederlanden.
- www.hostelnetherlands.com

Camping, Trekkershutten und Ferienhäuser

Wildes Campen ist streng verboten. Dafür gibt es landesweit rund 1500 Campingplätze, die in den Sommermonaten sehr beliebt sind. Eine Alternative zum Zelt sind die auf vielen Plätzen installierten Trekkershutten, einfache Holzhütten für meist vier Personen.

Über die Fülle an Ferienhäusern, vom Holzhäuschen bis zur Luxusvilla in den Dünen, informieren die regionalen Tourismusorganisationen (Adressen s. unter den jeweiligen Regionen) sowie www.nieder lande.de.

An der Küste sind die Quartiere vor allem in den Sommermonaten schnell ausgebucht, hier sollte man rechtzeitig reservieren.

Informationen über alle Campingplätze der Niederlande unter
- www.camping.de/camping.de/europa/niederlande sowie www.nederland-camping.nl (nur Niederländisch).

Stichting Trekkershutten
- Ruigeweg 49
- 1752 HC Sint Maartensbrug
- Tel. 02 24/56 33 45
- www.trekkershutten.nl (nur Niederländisch)

Aan Zee
Vermittelt Ferienhäuser in Friesland, Zeeland, Südholland und Ameland.
- Tel. 0 71/3 64 11 11
- www.aanzee.nl

Kuriose Nachtquartiere Erst-! klassig
- In luftiger Höhe im Hafenkran, oben im Leuchtturm oder auf einem echten Rettungsboot schläft man im Hafen von **Harlingen** – und das äußerst luxuriös. › S. 58
- Richtig rund geht es im Hotel **De Vrouwe van Stavoren** am IJsselmeer, wo imposante Weinfässer gemütlich ausgestattet wurden. › S. 61
- Wie in der Steppe: Auf **Texel** stehen geräumige mongolische Jurten im Dünensand. › S. 66
- In Reih und Glied stehen die bunten **Slaapstrandhuisjes** direkt am Strand von Vlissingen. Kein Wunder, wenn man wegen der kreischenden Möwen und der tosenden Brandung in der ersten Nacht nicht schlafen kann … › S. 78
- Alles, was man braucht, inklusive Küche und Bad, findet in den **Straßenbahn- und Zug-Apartments** in Hoogwoud bei Hoorn Platz. › S. 101

LAND & LEUTE

Traditioneller Käsemarkt in Alkmaar

STECKBRIEF

- **Landeshauptstadt:** Amsterdam
- **Regierungssitz:** Den Haag
- **Fläche:** 41 528 km²
- **Bevölkerung:** 16,8 Mio.
- **Bevölkerungsdichte:** 405 Einw./km²
- **Höchster Punkt:** Vaalser Berg, 321 m
- **Gemeinden:** 408 selbstständige Gemeinden in 12 Provinzen
- **Staatsoberhaupt:** König Willem Alexander
- **Landesvorwahl:** 0031
- **Währung:** Euro
- **Zeitzone:** MEZ

Lage und Geografie

Zwischen der Nordseeküste im Westen und Norden sowie dem Flussdelta des Rheins im Süden grenzen die Niederlande an die deutschen Bundesländer Nordrhein-Westfalen und Niedersachsen sowie an Belgien.

Knapp ein Viertel des Staatsgebietes, das zum Teil erst vor wenigen Jahrzehnten durch Einpolderung von Meeresbuchten entstand, liegt unterhalb des Meeresspiegels; es wird durch Dünen, Deiche mit einer Gesamtlänge von rund 3000 km und komplizierte Pumpsysteme vor Überflutung geschützt. Die rundum mit Deichen und Wehren befestigte Zuiderzee war noch vor hundert Jahren eine Meeresbucht. Nur im Südosten beleben Hügel und der bescheidene Vaalser Berg bei Maastricht die Geografie des ansonsten flachen Landes. Allerdings: Die höchste Sanddüne bei Schoorl an der Nordseeküste ist immerhin auch 54 m hoch. Die zeeländischen Inseln im Süden sowie die fünf Watteninseln im Norden sind beliebte Urlaubsregionen.

Das dicht besiedelte und intensiv bewirtschaftete städtische Ballungszentrum zwischen Amsterdam, Den Haag, Rotterdam und Utrecht wird Randstad genannt. Hier drängen sich die bunten Würfelhaufen von Industriegebieten und Schlafstädten, die Straßenschleifen des manchmal unübersichtlichen Autobahnnetzes, schnurgerade Schnellbahnlinien und die Gewächshausreihen der Blumenzüchter – aber es finden sich auch einzigartig schöne historische Altstädte mit behutsam renovierter Bausubstanz und malerischen Winkeln.

Politik und Verwaltung

Seit 1848 werden die Niederlande als konstitutionelle Monarchie regiert. Die politische Gewalt übt das Zwei-Kammern-Parlament aus. Die 150 Mitglieder der zweiten und wichtigeren Kammer werden direkt vom Volk gewählt, während die 75 Mitglieder der ersten Kammer indirekt aus den Provinzparlamenten entsandt werden. Derzeit sind elf Parteien in der Zweiten Kammer vertreten. Die vier größten Fraktionen bilden die rechtsliberale VVD, die sozialdemokratische PvdA, die rechtspopulistische PVV und die sozialistische SP. Ministerpräsident ist seit 2010 der VVD-Vorsitzende Mark Rutte. Er steht im Kabinett einer Koalitionsregierung der VVD mit der PvdA vor.

Das Königreich zählt zwölf Provinzen sowie die Karibikinseln Aruba, Curaçao und Sint Maarten als überseeische autonome Landesteile. Staatsoberhaupt ist seit 2013 König Willem Alexander. Hauptstadt ist Amsterdam, Regierungssitz Den Haag. Neben dem Parlament und anderen Staatsorganen tagt dort auch der Internationale Gerichtshof der Vereinten Nationen.

Wirtschaft

Nicht etwa die unübersehbar effiziente Landwirtschaft ist der Wirtschaftsfaktor Nummer eins, sondern der Güter- und Dienstleistungssektor in der dicht besiedelten Randstad, dem Städtekonglomerat zwischen Amsterdam und Rotterdam, in dem rund 73% des Bruttosozialprodukts des Landes erwirtschaftet werden.

Rotterdam, der nach Shanghai und Singapur drittgrößte Seehafen der Welt, fungiert als Europas Drehscheibe für den globalen Warenstrom. Multinationale Konzerne der Lebensmittel-, Erdöl- und Elektroindustrie sowie internationale Chemiefirmen haben in der modernen Hafenstadt ihre Niederlassungen.

Landwirtschaft, Gartenbau und Fischerei sind der zweitwichtigste Faktor im Staatshaushalt. Mit Abstand halten die Niederlande den Weltrekord bei Zucht und Export von Tulpenzwiebeln; jährlich werden rund 2,2 Mrd. Zwiebeln und 800 Mio. blühende Tulpen in alle Welt exportiert. Als Hauptabnehmer liegen dabei die Schweiz und Deutschland auf Platz eins und zwei. Deutschland ist mit einem Viertel des Exports der wichtigste Handelspartner der Niederlande.

Ein bedeutender Wirtschaftsfaktor ist auch der Tourismus mit jährlich rund 11 Mio. Besuchern. Die Feriengäste, darunter rund 3,5 Mio. Deutsche, sichern der Branche einen Umsatz von ca. 4,5 Mrd. Euro und ca. 300 000 meist saisonale Arbeitsplätze. Besonders gefragt bei den Touristen sind die historischen Städte, die Küste sowie die Freizeitlandschaft am IJsselmeer.

Die niederländische Wirtschaft ist stark, die Arbeitslosenquote sehr niedrig: Sogar die aktuelle globale Wirtschaftskrise ging an dem kleinen Land beinahe spurlos vorbei. Flexible Arbeitszeitregelungen, der hohe Anteil an international vernetzten Dienstleistungen sowie der typisch niederländische Pragmatismus tragen das Ihre zum anhaltenden Optimismus bei.

Geschichte im Überblick

Ab 50 v.Chr.–400 n.Chr. Unterwerfung der germanischen Bataver durch Julius Cäsar.

845 Nach dem Tod Karls des Großen werden die Gebiete südlich der Schelde Frankreich zugeschlagen, die Niederlande fallen an Lothringen, später an Habsburg, deren Statthalter das Land regieren.

1519 Im Mittelalter bestehen die Niederlande aus selbstständigen Territorien: den Herzogtümern Geldern und Brabant, den Grafschaften Holland und Zeeland sowie dem Bistum Utrecht. Unter Karl V. (1500–1558) werden diese Gebiete unter dem Namen »Niedere Lande« mit dem heutigen Belgien und Luxemburg vereinigt und Teil des großen burgundisch-habsburgischen Reichs.

1556 Philipp II. von Spanien bekämpft die Reformation in den Niederlanden.

1568–1648 80-jähriger Freiheitskampf. Prinz Willem von Oranien, der »Vater des Vaterlandes«, führt den Kampf um die Unabhängigkeit vom habsburgischen Spanien und die Glaubensfreiheit an. Im Westfälischen Frieden von 1648 wird die Souveränität der Republik der Vereinigten Niederlande anerkannt.

17. Jh. Niederländische Kaufleute gründen Handelsniederlassungen in aller Welt und dominieren bald den internationalen Seehandel mit exotischen Waren.

1795 Die Niederlande werden ein Vasallenstaat Frankreichs.

1814 Nach dem Ende der französischen Besetzung wird das Königreich der Niederlande gegründet. Es besteht aus den heutigen Niederlanden sowie Belgien und Luxemburg.

1830 Belgien wird unabhängig. Die Niederlande erhalten ihre heutigen Grenzen.

1914–18 Im Ersten Weltkrieg bleiben die Niederlande neutral.

1920 Beginn der Trockenlegung der Zuiderzee.

1940 Deutsche Truppen besetzen das Land. Die Königsfamilie geht ins Exil nach London.

1953 Am 1. Februar fordert eine Flutkatastrophe über 1800 Tote.

1958 Gründung der Wirtschaftsunion der Beneluxländer.

1986 Am 4.10. eröffnet Königin Beatrix das Sturmflutwehr in der Oosterschelde. Abschluss des Deltaplans › **S. 81**. Flevoland wird zwölfte Provinz der Niederlande.

2002 Der Mord an Oppositionspolitiker Pim Fortuyn führt einen Regierungswechsel herbei.

2004 Der Filmemacher Theo van Gogh wird in Amsterdam von einem Islamisten ermordet.

2008 Ratifizierung des EU-Reformvertrags von Lissabon.

2012 Nach vorgezogenen Parlamentswahlen bilden rechtsliberale VVD (Ministerpräsident Mark Rutte) und sozialdemokratische PvdA eine Große Koalition.

2013 Thronbesteigung von König Willem Alexander.

Natur & Umwelt

In den Niederlanden beschäftigt sich eine starke Umweltlobby mit den Folgen der intensiven Landnutzung und den Gefahren des Klimawandels. Kein anderes Volk hat seine Umwelt so konsequent nach wirtschaftlichen Vorgaben geformt wie die Niederländer. Langsam ändern Landwirte und Verbraucher ihr Verhalten, produzieren bzw. kaufen Biogemüse und entwerfen Modelle für eine umweltschonendere Zukunft der Landwirtschaft, der Fischerei sowie der Energieerzeugung.

Obwohl die Niederlande zu den am dichtesten besiedelten Staaten Europas gehören, gibt es nach wie vor ausgedehnte Gebiete, die fast menschenleer sind. 200 000 ha Wald-, Dünen-, Heide- und Moorlandschaft wurden neben weiten Teilen des Wattenmeeres unter Naturschutz gestellt. Der bekannteste der 20 Nationalparks des Landes (www.nationaalpark.nl) ist die Hoge Veluwe in Gelderland › **S. 115**.

Die Urlandschaft des Wattenmeeres, ein 7 bis 20 km breiter und bis zu 450 km langer Streifen von Texel bis nach Sylt, ist eine amphibische Welt voller Leben, ein Paradies für Wasservögel und die Kinderstube der Nordseefische. Seit 2009 darf sich das Wattenmeer mit dem Titel UNESCO-Weltnaturerbe schmücken. Allein im niederländischen Wattenmeer leben mehr als eine halbe Million Vögel, im Herbst steigt ihre Zahl auf etwa 4 Mio. an.

Die schönsten Parks und Gärten

Erst-! klassig

- Naturparks voller Heilkräuter und unscheinbarer, aber seltener endemischer Pflanzen kann man am Rande des Amsterdamse Bos bei Amstelveen entdecken: im Naturgarten **De Braak** und im **Dr. Jacques P. Thijsse Park** mit über 600 Wildpflanzen. › **S. 48**
- Der älteste **Botanische Garten** der Welt ist in Leiden zugänglich. 1581 pflanzte hier der Arzt und Botaniker Carolus Clusius die erste Tulpe in europäischen Boden. › **S. 92**
- Mancherorts märchenhaft verwunschen, dann wieder ganz aufgeräumt präsentiert sich die Gartenvielfalt rund um den Landsitz **De Wiersse** nordöstlich von Arnheim. › **S. 114**
- Royale Pracht verbreitet nicht nur der klassisch-französische Barockgarten des **Koninklijk Paleis Het Loo** bei Apeldoorn – der gesamte Komplex ist eine Augenweide. › **S. 115**
- Der **Schlosspark Arcen** gilt als schönster Blumenpark der Beneluxländer. › **S. 134**
- **Tuinen Mien Ruys**
  Moerheimstraat 84
  7700 AB Dedemvaart
  www.mienruys.nl
  April–Okt. Di–Sa 10–17, So 12 bis 17 Uhr. 28 experimentelle Stilgärten sind das Erbe der Gartenarchitektin Mien Ruys. Gerade Linien, überraschende Sichtachsen und die Vielfalt heimischer Stauden prägen die Anlage nördlich von Zwolle.

Auf den Sandbänken vor Ameland und Schiermonnikoog tummeln sich nicht nur junge Seehunde, dort liegt auch das größte mitteleuropäische Brutgebiet der Brandseeschwalbe; ferner kann man Löffler, Reiher, Eiderenten, Austernfischer, Gänse und winzige Alpenstrandläufer beobachten.

Mit zunehmender Verschmutzung der Gewässer durch Industrie und Landwirtschaft wird das Gleichgewicht des Wattenmeeres empfindlich gestört. Seit Jahren kämpfen verantwortungsvolle Politiker und Umweltschützer vergeblich gegen die Erhöhung der Förderquoten von Öl und Erdgas im friesischen Wattenmeer.

Kunst & Kultur

Kunst des Mittelalters

Im Mittelalter gaben vor allem kirchliche Finanziers außerordentlich wertvolle Gebäude und Kunstwerke in Auftrag, die heute den erstklassigen Ruf des kulturellen Erbes in den Niederlanden begründen. Der Reliquienschrein der Maastrichter St. Servaasbasiliek, der ältesten Kirche des Landes, sowie der Utrechter Dom › **S. 121** sind herausragende Beispiele der Romanik. Zur Zeit der Gotik entstanden erste beeindruckende Profanbauten wie Stadttore, Zunfthallen und Bürgerhäuser, die den flämischen Einfluss erkennen lassen.

Das Goldene Jahrhundert

Zu Ende des 16. Jhs. veränderte sich mit dem Freiheitskampf der nördlichen Niederlande die politische Landkarte. Die junge Republik der Sieben Vereinigten Niederlande stieg zur führenden Handelsmacht auf. Viele Künstler flüchteten aus Antwerpen in den Norden, wo seit der Renaissance der Kunstmarkt erblühte. Private Sammler suchten nach stabilen Geldanlagen, etwa in Gemälden berühmter Porträtmaler. Der geniale Rembrandt Harmenszoon van Rijn (1606–1669) war während seiner Amsterdamer Zeit ein ebenso hoch dotierter Künstler wie Frans Hals (1585–1666) in Haarlem. Zeitgleich entstanden in Amsterdam die Prachtbauten am Grachtengürtel. Höhepunkt ist das von Jacob van Campen (1595–1657) erbaute Rathaus, jetzt das Koninklijk Paleis.

Die Moderne

Im 18. Jh. ließ die Phase der Industrialisierung kaum künstlerische Entwicklungen zu; die Haager Impressionistenschule war eine späte Antwort auf die Französische Schule in Barbizon. Dann aber begründete Vincent van Gogh (1853–1890) die moderne Malerei in den Niederlanden. In der Architektur repräsentieren P. J. H. Cuypers (1827–1921), der Architekt des Rijksmuseums, und des Amsterdamer Hauptbahnhofs, und H. P. Berlage (1856

Kijk-Kubus in Rotterdam – diesen Haustyp entwarf Piet Blom

bis 1934), der die Amsterdamer Börse und das Schloss St. Hubertus im Nationalpark De Hoge Veluwe baute, den Wechsel zur Moderne.

Innovative Avantgarde

Die Amsterdamer Schule und Architekten wie J. J. P. Oud (1906–1963) in Rotterdam gaben dem urbanen Wohnungsbau in Europa wesentliche Impulse. Im 20. Jh. gehörten ganz unterschiedliche niederländische Künstler zur Avantgarde, die jedoch eines gemeinsam hatten: Sie lebten und arbeiteten im Ausland. Dazu zählen Piet Mondriaan (1872–1944), Willem de Kooning (1904–1997) und Theo van Doesburg (1883–1931) – Letzterer war gemeinsam mit Mondriaan Initiator der wegweisenden Kulturrichtung »De Stijl«. Mit Gerrit Rietveld (1888–1964), einem späteren Mitglied der »De Stijl«-Gruppe, beginnt die Geschichte des modernen »Dutch Design«, das inzwischen von der Mode über Innenarchitektur bis zur futuristischen Lichtinstallation und dem originellen Joghurtflaschenausschaber weltweit Beachtung findet (Aktuelles, Ausstellungen, Künstler und Veranstaltungen unter www.design.nl).

Bekannt ist die Experimentierfreudigkeit niederländischer Architekten. Zu den großen Namen zählt Piet Blom (1934–1999), der intensiv am Wiederaufbau Rotterdams beteiligt war. Selbstbewusst präsentieren die Baukünstler des Landes, allen voran Rem Kolhaas, ihre Stein, Beton und Glas gewordene Kreativität. Die Skyline von Rotterdam am Kop van Zuid, das Oostelijk Havengebied in Amsterdam und die Wohnviertel von Almere sind gigantische Spielwiesen im Praxistest.

Feste & Veranstaltungen

Festkalender

Januar: Am **Neujahrstag** stürzen sich rund 10 000 närrische Wasserratten am Strand von Scheveningen in die eiskalte Nordsee.

Februar: Spektakuläre Eisskulpturen zieren bis Anfang Mai die Miniaturstadt Madurodam › **S. 19** bei Den Haag.

März: Antiquitäten und klassisches Design prägen die Maastrichter Kunstmesse **The European Fine Art Fair** (www.tefaf.com).

April: Mitte des Monats **Nationales Museumswochenende** mit freiem Eintritt in viele Sehenswürdigkeiten. Am 30. April feiert das ganze Land den **Koningsdag** mit einem großen Volksfest in Amsterdam.

Mai: Im offiziellen **Fahrradmonat** und am **Nationalen Mühlentag** (Nationale Molen- & Gemalendag) sind Millionen Niederländer unterwegs. Das **Sandskulpturenfestival** am Strand von Scheveningen dauert sieben Wochen (www.iceandsand events.nl).

Juni: Das **Amsterdam Arts Adventure** umfasst den ganzen Sommer lang kulturelle Großereignisse wie das Holland Festival mit Musik, Tanz und Theater aus aller Welt (www.hollandfestival.nl). Mitte Juni findet in Landgraaf an der Grenze zu Deutschland das **Pinkpop-Festival** mit internationalen Rockbands statt (www.pinkpop.nl). Exotische Leckerbissen genießt man Ende Juni beim

Ausgelassene Parade in Orange am Koninginnendag

Pasar Malam Besar im Rahmen des **Tong Tong Festivals** (www.tongtongfestival.nl) in Den Haag. Die Matjessaison beginnt mit dem **Vlaggetjesdag** in Scheveningen (www.vlaggetjesdag.com), und bis Ende August ist jeden Donnerstag **Käsemarkt** in Gouda.

Juli: Anfang Juli zieht das **North Sea Jazz Festival** (www.northseajazz.nl) Musikfreunde nach Den Haag. Während der **Deltaweek** in Zeeland drängen sich Segelboote jeder Größe in den Häfen. Ende Juli wird in Friesland das **Skûtsjesilen** (Segeln mit traditionellen Booten) veranstaltet (www.skutsjesilen.nl). Ein karibischer **Sommerkarneval** (www.zomercarnaval.nl) treibt in Rotterdam Hunderttausende auf die Straßen.

August: Bei der **Sneeker Woche** treffen sich Segelfreunde aus ganz Europa (www.sneekweek.nl). Ende des Monats findet in Utrecht das **Festival Alte Musik** (www.oudemuziek.nl) statt; Gourmets lassen sich beim viertägigen **Preuvenemint** (www.preuvenemint.nl) auf dem Maastrichter Vrijthof verwöhnen. Nur alle fünf Jahre treffen sich Segeljachten aus al-

SEITENBLICK

Oranje strahlt und lächelt

Von 1980 bis 2013 war die sympathische, manchmal etwas unnahbar wirkende Beatrix von Oranien-Nassau Staatsoberhaupt der Niederlande. Vor allem ihren bürgerlichen Schwiegertöchtern und den niedlichen Enkelkindern ist es wohl zu verdanken, dass die konstitutionelle Monarchie auch im 21. Jh. – trotz der hohen Apanagen aus dem Staatshaushalt – so populär ist wie lange nicht mehr. Stammvater Prinz Willem von Oranien, Graf von Nassau (1533–1584), wäre stolz auf seine Nachfahren.

Neun von zehn Niederländern befürworten die parlamentarische Monarchie, die seit 1848 das politische System des Landes lenkt. Die ehemalige Königin, die 1966 den deutschen Diplomaten Claus von Amsberg (1926–2002) ehelichte, hat drei Söhne. Der älteste, Willem-Alexander (geb. 1967), ist seit 2013 König. 2002 heiratete er die Argentinierin Máxima Zorreguita. Ihre Töchter Catharina-Amalia, die seit 2013 als die Prinzessin van Oranje die Kronprinzessin der Niederlande ist, sowie Alexia und Ariane belegen die Plätze eins, zwei und drei der Thronfolge.

Das niederländische Königshaus strahlt und lächelt in die Kameras, Skandale wie bei den britischen Royals gibt es nicht. Das mag am Stil der Oranier liegen, aber auch an den Medien, die hier weniger aggressiv sind als jenseits des Ärmelkanals. Als Königinmutter Juliana 2004 starb, druckte selbst die Regenbogenpresse nichts als Lobeshymnen. Und als am 1. Mai 2009 ein Amokfahrer in Apeldoorn versuchte, die Königsfamilie anzugreifen, stand das ganze Land unter Schock.

Ein höchst populäres Schauspiel vollzieht sich jedes Jahr am dritten Dienstag im September (Prinsjesdag). Dann fährt der König in der Goldenen Kutsche zur Parlamentseröffnung zum Ridderzaal in Den Haag (www.koninklijkhuis.nl).

ler Welt zur **Sail Amsterdam** – einem der größten maritimen Ereignisse der Welt (www.sail.nl; 2015, 2020 …).

September: Am **Open Monumentendag,** dem zweiten Sonntag im Monat, sind rund 3000 Museen, Kirchen und Sehenswürdigkeiten für Besucher zugänglich (www.openmonumentendag.nl). Mitte des Monats lockt das **Chocoladefestival** in die Hansestadt Zutphen (www.chocoladefestival-zutphen.nl).

Oktober: In Bergen und Bergen aan Zee feiert man mit mehr als hundert Ausstellungen die **Kunst 10-daagse** (www.dekunst10daagse.nl). In Lisse findet der **Nationale Blumenzwiebelmarkt** statt. Das **Holland Dance Festival** in Den Haag ist in ungeraden Jahren Treffpunkt der weltbesten Ensembles (www.hollanddancefestival.com).

Dezember: Das **Dickens-Festival** mit über 200 viktorianischen Figuren in der Altstadt von Deventer lässt das 19. Jh. wieder aufleben (www.dickensfestijn.nl). Am **Nikolausabend** (5. Dez.) freuen sich Jung und Alt auf die Geschenke die am Pakjesavond überreicht werden. **Weihnachtsmärkte** gibt es im ganzen Land, die schönsten findet man in Valkenburg und Deventer. Am **Sylvesterabend** gibt es bei vielen Familien Oliebollen, ein Schmalzgebäck, und an Mitternacht strömen alle auf die Straße, um das neue Jahr mit einem Feuerwerk zu begrüßen.

Essen & Trinken

Auch wenn viele Niederländer eher deftige Hausmannskost bevorzugen, gehen junge Küchenchefs neue Wege. Mit Erfolg! 101 Sterne-Restaurants führt die Feinschmeckerbibel des Guide Michelin 2013 auf. Allein in Maastricht verführen neun Spitzenköche ihre Gäste mit raffinierten, meist französisch inspirierten Menüs, in denen frische Meeresfrüchte einen festen Platz haben. Häufig sind die edlen Lokale in historischen Gebäuden eingerichtet, so mancher Küchenstar bietet zudem Kochkurse an.

Traditionell beginnen Niederländer den Tag mit einem kräftigen Frühstück. Zum Toast stehen Marmelade und Wurst sowie Pindakaas (Erdnusscreme), Vla (cremiger Pudding) und bunte Streusel auf dem Tisch. Mittags reicht ein Snack, z. B. eine Tüte Pommes frites oder ein Stokbroodje (belegtes Baguette). Die Hauptmahlzeit folgt am frühen Abend, in vielen Restaurants gibt es nur bis 22 Uhr warme Küche!

Die klassische niederländische Küche ist herzhaft und bodenständig. An der Küste dominieren Fischspezialitäten und Meeresfrüchte die Speisekarten, allen voran der Hering (Haring). Fangfrischer Hering wird nach Landesart gehäutet, entgrätet, gesalzen und mit viel Zwiebel verspeist. Seezunge, Aal, Scholle, Makrele und Kabeljau isst man frittiert, geräuchert oder sauer gedünstet. Von Mai bis September sind Muscheln und Austern aus der

Provinz Zeeland im Angebot. Als Beilage gibt es Kartoffeln und gedünstetes Gemüse.

Auf den Speisekarten vieler Restaurants finden sich regionale Spezialitäten der traditionellen niederländischen Küche. Hervorragend sind beispielsweise Lamm auf Texel, Aal am IJsselmeer, Spargel in Limburg oder Muscheln in Zeeland. Zu den Klassikern gehört das kalorienreiche Eintopfgericht Stamppot, das so sämig ist, dass fast der Löffel darin steht. Heiß beliebt, nicht nur bei Kindern, sind Pannekoeken, die in unglaublichen Variationen – süß ebenso wie herzhaft – aus der Pfanne gleiten!

rst-! lassig

Exotische Gaumenkitzel und kulinarische Abwechslung garantiert das reiche koloniale Erbe der Niederlande: Ob Indonesische Reistafel oder Chop Suey, pikante Currys aus Surinam oder Ziegeneintopf von den Antillen – so bunt und kreativ wie die Bevölkerung der Niederlande sind auch die Speisekarten, vor allem in Amsterdam und den anderen größeren Städten. Und auf dem Lande gibt es tausend Möglichkeiten, in netten Cafés köstlichen Appeltaart med Slagroom, Apfelkuchen mit einer dicken Sahnehaube, zu genießen.

Dazu serviert man landauf, landab zu wirklich jeder Tages- und Nachtzeit ein heißes Kopje Koffie – die berühmte Tasse starken Kaffee. Am Abend schmeckt eines der vielen regionalen Biere, zu dem man gerne auch ein Glas hochprozentigen Jenever (Wacholderschnaps) für die Verdauung leert.

Spitzenküche – stilvoll zelebriert

Erst-! klassig

- Im idyllischen Giethoorn verwöhnen Martin und Marjan Kruithof im **De Lindenhof** mit Klassikern der Haute Cuisine und perfekt veredelter Hausmannskost. › S. 62
- Sergio Hernan schließt im Dezember 2013 sein Dreisternerestaurant **Oud Sluis** im südzeeländischen Sluis, gottlob kocht François de Potter im **La Trinité** › S. 77 ganz vorzüglich.
- Kulinarische Abenteuer verspricht Erik van Loo, der angenehm exzentrische Trendsetter im Rotterdamer Spitzenrestaurant **Parkheuvel.** › S. 85
- Jonnie Boer, Chefkoch des Sternerestaurants **De Librije** in Zwolle, verarbeitet fast nur Lebensmittel aus der Region. Seine Devise: »puur natuurlijk« schmeckt's am besten. › S. 117
- **Fifteen ●●●**
  Fernsehkoch Jamie Oliver lässt im Fifteen im schicken Pakhuis (östliches Hafengebiet) seine Erfolgsrezepte von hoch motivierten Jugendlichen aus schwierigen Verhältnissen kreieren.
  Jollemanhof 9
  Amsterdam
  Tel. 0 20/5 09 50 15
  www.fifteen.nl
- **'t Ponkje ●●**
  In einem ehemaligen Kirchlein in Friesland zelebriert Rob Hartmann die hohe Kunst des feinen Kochens. Das friesische Tiramisu ist ein Gedicht.
  Fermaningsteech 1
  8551 SP Woudsend
  Tel. 05 15/59 12 50
  www.ponkje.nl
  Di geschl.

TOP-TOUREN IN DEN NIEDERLANDEN

Prinsengracht in
Amsterdam

1 ***Amsterdam

Das Beste!

- Am Abend bei einer romantischen Grachtenrundfahrt dem Zauber des Goldenen Jahrhunderts verfallen › S. 43
- Auf der Dachterrasse des NEMO ein Sonnenbad samt kühlem Drink genießen, während die Kinder von den spielerischen Experimenten im Museum schwärmen › S. 44
- Morgens beim Bummel über den Bloemenmarkt am Singel die schönsten Tulpenkreationen der Saison bewundern – und ein paar schrumpelige Zwiebeln für den Garten kaufen › S. 48

Die übersichtliche multikulturelle Metropole begeistert mit ihren weltberühmten Museen, romantischen Grachten, bunten Märkten und topmodernen Architekturprojekten.

Kosmopolitisch, pragmatisch und immer für eine Überraschung gut: Das ist Amsterdam, die turbulente Hauptstadt der Niederlande mit ihrem Faible für alte Fassaden und visionäre Pläne. Wer sich für Kultur interessiert, hat die Qual der Wahl zwischen mehr als 100 Museen und großartigen Architekturdenkmälern aus fünf Jahrhunderten. Bunte Straßenmärkte und originelle Shops, angesagte Designerläden und moderne Galerien, coole Bars und großartige Konzerthäuser begeistern Besucher ebenso wie romantische Grachten, fotogene Brücken und charmante Innenhöfe.

Seit dem 15. Jh. profitierte die an der Mündung von Amstel und IJ ins IJsselmeer gelegene Metropole vom lukrativen Welthandel: Erst etablierten hier jüdische Kaufleute aus Antwerpen das Geschäft mit Diamanten, später sorgten die Eroberungsfahrten der Vereinigten Ostindischen Compagnie (VOC) und der Westindischen Compagnie (WIC) für Profit. Die wirtschaftliche Blüte erreichte im 17. Jh. ihren Höhepunkt. Der Überfluss des Goldenen Jahrhunderts ließ u.a. den Grachtengürtel mit den herrlichen Giebelhäusern entstehen.

Im 19. Jh. verlor Amsterdam seine führende Position. Die Industrialisierung setzte verspätet ein; der Zweite Weltkrieg brachte weiteres Elend über die Stadt. Erst seit etwa 20 Jahren weht ein visionärer Wind durch den Grachtengürtel. Im Hafengebiet entstanden Wohngebiete in futuristisch-attraktiver Architektur, bedeutende Museen werden neu konzipiert, und das Rotlichtviertel soll sein Schmuddelimage verlieren.

Flohmarktschick vom Albert-Cuyp-Markt

Café in der Nieuwe Doelenstraat

Buch-Tipp:

Polyglott on tour Amsterdam, Polyglott Verlag München. Für Reisende, die der Hauptstadt mehr als nur eine Stippvisite widmen wollen.

Unterwegs in Amsterdam

Tour 5 Altstadt-spaziergang

Tour-Übersicht:

Verlauf: Centraal Station › Nieuwe Kerk › Koninklijk Paleis › Westerkerk › Begijnhof › Oude Kerk › Museum Ons lieve Heer op Solder › Grachtenrundfahrt

Dauer: 1 Tag (mit Besichtigungen)

Praktische Hinweise:

- Das kompakte Altstadtzentrum erkundet man am besten zu Fuß.
- Ein schöner Abschluss des Spaziergangs ist eine Grachtenrundfahrt im Abendlicht.

Tour-Start: Centraal Station 1

Der imposante Hauptbahnhof, 1889 nach Plänen von P. J. H. Cuypers im neugotischen Stil errichtet, ist ein zentraler Anlaufpunkt – und bis etwa 2015 eine riesige Baustelle. Am Vorplatz liegen das Infobüro des VVV und der GVB (ÖPNV), die Straßenbahnhaltestellen sowie die Anleger der Grachtenboote › S. 43.

Am Dam 2

Über den neonbunten Damrak drängt ein Menschenstrom Richtung Dam, dem Hauptplatz der Altstadt. Dort steht das Nationale Monument, ein Obelisk, an dem jeweils am Abend des 4. Mai die Gedenkveranstaltung für die Opfer des Zweiten Weltkriegs stattfindet. Der Platz ist Treffpunkt junger Traveller aus aller Welt und eine Bühne für Straßenkünstler.

Erst-! klassi

In der Krönungskirche **Nieuwe Kerk** 3, einer spätgotischen Kreuzbasilika, erklingen oft Orgelkonzerte (bis 4. Okt. 2013 geschl., dann tgl. 10–17 Uhr, www.nieuwekerk.nl).

Jacob van Campen erbaute das ****Koninklijk Paleis** 4 1665 als Rathaus. Der wahrhaft königliche Bau bezeugt bis heute den Wohlstand der Stadt im Goldenen Jahrhundert. 13 659 Fichtenstämme aus Skandinavien geben ihm auf morastigem Untergrund Halt. Heute bietet der Palast den prachtvollen Rahmen für Staatsbesuche sowie für Fußballfeiern in Oranje (tgl. 11–17 Uhr, an einigen Tagen geschl., Info Tel. 0 20/ 2 06 20 40 60, www.paleisamsterdam.nl/en/programme).

An der Prinsengracht

In der ****Westerkerk** 5 wurde Rembrandt beigesetzt – doch bis heute konnte seine Gruft in der dreischiffigen Basilika nach Plänen von Hendrick de Keyser (1620–1631) nicht lokalisiert werden (Mo–Fr 10–17, Sa 11–15 Uhr, So geschl., www.westerkerk.nl).

Besucherschlangen weisen den Weg zum ****Anne Frank Huis** 6, einem Patrizierhaus an der Prinsengracht, in dem sich die Familie des jüdischen Mädchens bis kurz vor Kriegsende versteckte, bevor sie in

Prächtige Patrizierhäuser stehen an Amsterdams Nobelgrachten

den Konzentrationslagern ermordet wurde. Hier schrieb Anne ihr erschütterndes Tagebuch. Die Einrichtung des Hinterhauses, seit 1960 ein Museum, ist im Originalzustand erhalten. (15. Sept.–14. März tgl. 9–19 (Sa bis 21 Uhr), sonst tgl. 9–21 (Sa bis 22 Uhr, Juli/Aug. tgl. bis 22 Uhr, Eintritt ab 18 Uhr empfohlen, www.annefrank.org, Tickets auch online buchbar).

Nordwestlich des Anne Frank Huis verlockt das idyllische Viertel Jordaan mit seinen schmucken Hofjes und vielen gemütlichen Cafés zu einem Bummel. Erst-! klassig

SEITENBLICK

Der ***Grachtengürtel

Die Grachten – wörtlich Gräben – wurden zunächst zur Verteidigung beiderseits der Amstel angelegt. Zu Beginn des 17. Jhs. entstand der konzentrische Grachtengürtel aus Heren-, Keizers- und Prinsengracht, der wenig später am östlichen Ufer der Amstel erweitert wurde. Schmale Radialgrachten und -straßen teilen das alte Zentrum in 90 künstliche Inseln, die rund 400 Brücken miteinander verbinden.

Das Graben des Grachtensystems, das Unterpfählen und Mauern der Kais, das Aufschütten des Baugeländes sowie die Errichtung der Bollwerke und Tore gehören neben der Einpolderung früherer Meeresbuchten und dem Deichbau zu den größten Bauleistungen des Landes. Die Arbeiten mussten damals per Hand mit Spaten und Schubkarre verrichtet werden. Doch die Stadtväter wussten sich zu helfen und beschafften sich auf einfache Weise billige Arbeitskräfte: Wer in Amsterdam straffällig wurde, kam zum Arbeitseinsatz an die Grachten.

Begijnhof 7

Als Oase der Stille verbirgt sich hinter einer Pforte am Spui, direkt neben der Shoppingmeile Kalverstraat, seit dem 14. Jh. der Begijnhof: In seinen bescheidenen Häuschen im Stil der Renaissance lebten bis Mitte des 20. Jhs. gläubige Frauen des Ordens der Beginen in freiwilliger Gemeinschaft. Ein kleines Bronzedenkmal neben der Englischen Kapelle auf dem Hof erinnert an sie (Mo–Fr 9–18.30, Sa/So bis 18 Uhr).

Rotlichtbezirk De Walletjes

Der Rotlichtbezirk zwischen Dam und Kloveniersbrugwal ist das aktuelle Experimentierfeld der Stadtplaner: Boutiquen junger Designer und schicke Shops machen sich zwischen Sextheatern und den Bordellfenstern der Prostituierten breit, die rund um die ehrwürdige ***Oude Kerk** 8 ihre Dienste anbieten. Diese Kirche aus dem 14. Jh., der älteste Bau der Stadt, schmücken drei goti-

Erst-klassi

Touren in Amsterdam

Tour 5

Altstadtspaziergang

1 Centraal Station
2 Dam
3 Nieuwe Kerk
4 Koninklijk Paleis
5 Westerkerk
6 Anne Frank Huis
7 Begijnhof
8 Oude Kerk
9 Museum Ons lieve Heer op Solder

Tour 6

Hafengebiet im Wandel

10 Montelbaanstoren
11 NEMO
12 Muziekgebouw
13 Hortus Botanicus
14 Zoo Artis
15 Tropenmuseum

Tour 7

Stippvisite bei den Alten Meistern

16 Leidseplein
17 Rijksmuseum
18 Stedelijk Museum
19 Van Gogh Museum
20 Magere Brug
21 Hermitage Amsterdam
22 Stopera
23 Joods Historisch Museum
24 Rembrandthuis

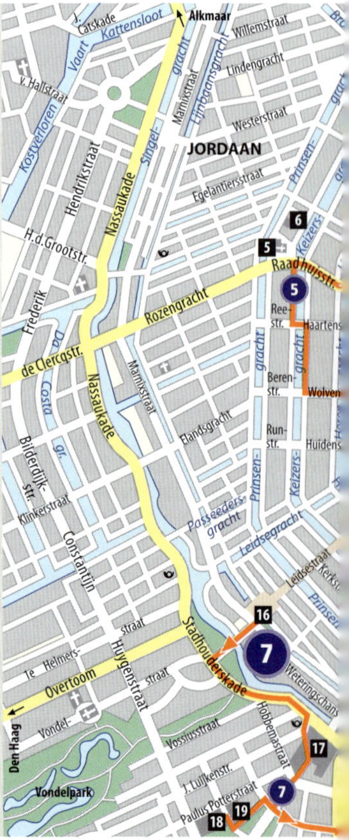

sche Glasfenster sowie prachtvolle Grabmäler (Mo–Sa 10.30–17.30, So 13–17 Uhr, www.oudekerk.nl; Glockenspiel Di 15, Sa 16 Uhr).

Museum Ons lieve Heer op Solder 9

Hauptattraktion dieses in ein Museum (ehem. Museum Amstelkring) umgewandelten Grachtenpalais aus dem 17. Jh. ist die frisch renovierte barocke Geheimkirche Ons lieve Heer op Solder auf dem Dachboden (Mo–Sa 10–17, So 13–17 Uhr, kath. Messe am 1. So des Monats (nicht im Sommer, www.opsolder.nl).

**Grachtenrundfahrt

Sehr zu empfehlen ist eine Fahrt mit dem Grachtenboot. Die Anleger der Reedereien befinden sich rund um den Bahnhofsvorplatz, in der Saison (April–Okt.) werden Themenfahrten, z.T. mit Dinner, angeboten (Info beim VVV, Abfahrten im Halbstundentakt).

› Karte S. 42

Tour 6 Hafengebiet im Wandel

Tour-Übersicht:

Verlauf: **Montelbaanstoren › *NEMO (› *Oostelijk Havengebied) › Hortus Botanicus › Artis › Tropenmuseum**

Dauer: 1 Tag (mit Museumsbesuchen)

Praktische Hinweise:

- Ohne den Abstecher ins Östliche Hafengebiet ist die Tour leicht zu Fuß zu bewältigen.
- Außerhalb der Monate Juni bis August ist das NEMO Mo geschlossen.

Tour-Start: Am Oosterdok

Lange hieß der Wachturm **Montelbaanstoren** 10 aus dem Jahr 1512 im Volksmund »Malle Jaap« (Dummer Jakob), da seine Uhr ständig falsch ging. Nebenan, im Oosterdok, legten im 17. Jh. die Schiffe der Ost- und Westindischen Compagnie an.

Der imposante Nachbau des Handelsschiffes »Amsterdam« aus dem 18. Jh. ist vor wiedereröffneten ***Scheepvaartmuseum** vertäut, das sich der holländischen Schifffahrt widmet (Kattenburgplein 1, tgl. 9–17 Uhr, www.hetscheepvaartmuseum.nl). Gegenüber ragt das futuristische ***NEMO Science & Technology Museum** 11 des Architekten Renzo Piano wie ein Schiffsbug aus den Wellen des IJ. Im Inneren präsentiert es spannende Experimente, die vor allem Kindern technische Abläufe nahe bringen. Tolle Dachterrasse (Juli/Aug. frei zugänglich) mit Sonnencafé mit Spielplatz (tgl. 10–17 Uhr, www.e-nemo.nl).

Erst-klassig

Muziekgebouw 12 und BIMhuis

Nördlich ragt der strahlend weiße Komplex der hypermoderne Konzerthalle auf, in der v.a. neue Kompositionen erklingen (www.muziekgebouw.nl). Jazz und Weltmusik haben ihr Domizil im BIMhuis (http://bimhuis.nl).

Plantage-Viertel

Südlich des Entrepotdok liegt das vornehme Plantageviertel mit reizvollen Zielen: Im Botanischen Garten, dem **Hortus Botanicus** 13, kann man sich in der Blütenpracht aus aller Welt verlieren (Garten und Museumscafé tgl. 9–17 Uhr, www.dehortus.nl). Der **Zoo Artis** 14 ist nicht nur wegen der exotischen Tie-

SEITENBLICK

Blick in die Zukunft – das *Oostelijk Havengebied

Mit den Tramlinien 10 und 25 kann man die zukunftweisende Wohnwelt des Östlichen Hafengebietes entdecken: Das Archipel, wie die Amsterdamer sagen, vereint intelligenten Wohnungsbau mit architektonischen Visionen, innovative Geschäftsideen mit künstlerischer Vielfalt am Bau. Vor allem die knallrote Pythonbrug zwischen Sporenburg und Borneo-Eiland sowie die spektakulären Bauten weltberühmter Architekten beeindrucken nachhaltig.

re, sondern auch wegen seiner Pflanzenwelt einen Besuch wert (tgl. 9–17, während der Sommerzeit bis 18 Uhr, Juni, Juli, Aug. Sa bis Sonnenuntergang, www.artis.nl).

Das **Tropenmuseum** 15 im Oosterpark ist mit seinen interaktiven Ausstellungen über ferne Länder ideal für Familien (tgl. 10–17 Uhr, www.tropenmuseum.nl).

Das Rijksmuseum

Tour 7 Stippvisite bei den Alten Meistern

Tour-Übersicht:

Verlauf: **Leidseplein › ***Rijksmuseum › Stedelijk Museum › **Van Gogh Museum › *Magere Brug › *Hermitage Amsterdam › Rembrandthuis**

Dauer: 1 Tag (einschließlich Museumsbesuche)

Praktische Hinweise

- Mit den Wiedereröffnungen von Stedelijk Museum (Sept. 2012) und Rijksmuseum (April 2013) sind alle Exponate wieder zu besichtigen.

Tour-Start: Leidseplein 16

Neben dem Rembrandtplein ist der rund um die Uhr belebte Leidseplein das Party- und Nightlife-Zentrum der Stadt. Das ***Café Americain** (American Hotel, Leidsekade 97, www.cafeamericain.nl) im Jugendstil ist ein exklusiver Treff.

Auf der anderen Seite der Singelgracht erstreckt sich die große grüne Lunge des **Vondelparks,** bevor man schließlich das weltberühmte Amsterdamer Museumsviertel erreicht.

***Rijksmuseum 17

Das Rijksmuseum beherbergt die bedeutendste Gemäldesammlung niederländischer Meister. Im April 2013 wurde der umfangreiche Umbau des 1885 eröffneten Neorenaissancegebäudes abgeschlossen. Nun präsentieren sich die kostbaren Meisterwerke der exklusiven Sammlungen, darunter natürlich auch Rembrandts »Nachtwache«, In einem überarbeiteten Ausstellungskonzept (tgl. 9–17 Uhr, Tel. 0 20/ 6 62 14 40, www.rijksmuseum.nl).

Stedelijk Museum 18

Das Museum, eines der bedeutendsten für Kunst des 19. und 20. Jhs., von den französischen Impressionisten bis zur Gegenwart, wurde nach umfassendem Umbau 2012 wiedereröffnet (tgl. 10–18, Do bis 22 Uhr, www.stedelijk.nl).

**Van Gogh Museum 19

Neben aufschlussreichen Skizzen, Zeichnungen und Aquarellen besitzt das Museum viele der bedeutendsten Gemälde des Malers (1853–1890) sowie einiger Zeitgenossen. Ein kühl-moderner Pavillon (1999) des Japaners Kisho Kurokawa ergänzt den eigenwilligen Museumskomplex (1973) von Gerrit Rietveld (tgl. 10–18, Fr bis 22 Uhr, Tel. 0 20/5 70 52 52, www.vangoghmuseum.nl).

SEITENBLICK

Alte Meister – modern präsentiert

Nun kann man sie bewundern, die ausgefeilte Lichtkonzepte, hypermodernen Präsentationstechniken und das durchgestylte Rundherum – all jene Zutaten, die das Rijksmuseum und das Stedelijk Museum nach Abschluss der Generalrestaurierung zu Kunsttempeln von Weltrang erheben. Die berühmtesten Werke der großen niederländischen Meister von Rembrandt bis Piet Mondriaan sind jetzt ohne großes Gedränge, aber optimal vor Anschlägen oder Diebstahl gesichert zugänglich.

Doch nicht nur hier, auch im lichtdurchfluteten Kroeller-Müller-Museum im Nationalpark Hoge Veluwe › S. 115, im eleganten Frans-Hals-Museum von Haarlem › S. 96, im schicken CoBrA-Museum von Amstelveen › S. 48 oder im futuristischen De Paviljoen von Almere › S. 120 kann man erleben, wie einfallsreich niederländische Kuratoren ihre Kunstschätze präsentieren.

Entlang der Amstel

Ein stimmungsvoller Bummel durch den südlichen Grachtengürtel endet am Fluss Amstel, den u.a. die schmale ***Magere Brug** 20 überquert. Die weiß lackierte Zugbrücke ist das nostalgische Wahrzeichen der Stadt und wurde bereits 1672 erbaut.

Wenige Schritte weiter präsentiert ***Hermitage Amsterdam** 21 als Dependence der Petersburger Eremitage Kunstschätze im ehrwürdigen Rahmen eines Klosters (tgl. 10–17 Uhr; www.hermitage.nl).

Am Waterlooplein

Am **Waterlooplein** findet täglich außer sonntags ein großer Flohmarkt statt. Im Foyer des Rathauses, der **Stopera** 22, hebt und senkt sich in einer gläsernen Säule der Wasserpegel im Takt der Gezeiten. Bei Ebbe fällt er unter das Niveau des Fußbodens, bei Hochwasser steigt er den Besuchern über den Kopf. Das Rathaus an der Amstel würde also zweimal pro Tag von den Nordseefluten weggeschwemmt, gäbe es nicht schon lange die Deiche. Wenige Meter weiter birgt das **Joods Historisch Museum** 23 eine der weltweit wichtigsten Ausstellungen über jüdische Kultur (tgl. 11–17 Uhr, Kindermuseum Mo–Fr 13–17 Uhr, Tel. 0 20/5 31 03 10, www.jhm.nl).

Vom Joodse Buurt, dem alten Judenviertel, sind nur einige Gebäude erhalten, darunter das schmucke **Rembrandthuis** 24, das der Meister 1639 bezog. Radierungen und Zeichnungen, Werke seiner Schüler, eine Videoinstallation sowie Räume im Stil des »Goldenen Jahrhunderts« sind hier zu sehen (tgl. 10–18 Uhr, www.rembrandthuis.nl).

Die **Waag** am Nieuwe Markt erinnert an den Wohlstand der Zünfte.

Info

Amsterdam Tourist & Convention Board (ATCB)

- Stationsplein 10
- 1012 AB Amsterdam
- Tel. 0 20/7 02 60 00
- www.iamsterdam.com
- Tgl. 9–18 Uhr, Sa/So und im Sommer auch länger.

Amsterdam Uitburo

Ticketverkauf für Veranstaltungen.

- Leidseplein 26
- 1017 PT Amsterdam
- www.amsterdamsuitburo.nl
- Mo–Sa 10–19.30, So 12–19.30 Uhr

Die **I amsterdam Card** umfasst neben einer Grachtenfahrt die Nutzung öffentlicher Verkehrsmittel sowie Rabatte in Geschäften, Museen und Restaurants. Sie gilt 1, 2 oder 3 Tage (42, 52, 62 €); www.iamsterdamcard.nl.

Verkehr

Trambahnen, Busse und zwei U-Bahnlinien erschließen das Zentrum. Günstige Verbundkarten erhält man u. a. im GVB-Büro am Stationsplein (gegenüber dem Hauptbahnhof) und beim VVV.

- Infos: www.gvb.nl

Hotels

Lloydhotel ●●●–●●

Architektonisch und konzeptionell einzigartiger Treffpunkt für Weltenbummler mit originellen Zimmern in allen Preiskategorien im östlichen Hafengebiet.

- Oostelijke Handelskade 34
- Tel. 0 20/5 61 36 36
- www.lloydhotel.com

Hotel V Frederiksplein ●●

Neues Designhotel in der Nähe des Museumsquartiers mit coolem Schick.

- Weteringschans 136
- Tel. 0 20/6 62 32 33
- www.hotelv.nl

Seven Bridges ●●

Stilvoll-exquisit und mit Antiquitäten ausgestattete Unterkunft im Zentrum; die Zimmer in dem alten Grachtenhaus sind über steile Treppen zu erreichen.

- Reguliersgracht 31
- Tel. 0 20/6 23 13 29
- www.sevenbridgeshotel.nl

De Filosoof ●●

Geschmackvoll individuell gestylte Zimmer in mehreren Häusern aus dem 19. Jh. Hübscher Garten.

- Anna van den Vondelstraat 6
- Tel. 0 20/6 83 30 13
- www.hotelfilosoof.nl

Zwischenstopp: **Restaurants**

Panama ●●

Top-Location mit Garten am Wasser, schickem Lokal und Theaterprogramm. Die Küche ist modern und kreativ.

- Ostelijke Handelskade 4
- Tel. 0 20/3 11 86 86
- www.panama.nl

Sluizer ●●

Bei Anwohnern und Besuchern beliebtes Lokal mit Fisch- und Fleischspezialitäten.

- Utrechtsestraat 41-45
- Tel. 0 20/6 22 63 76
- Nur abends

Café 't Smalle ●

Bewährte Stammkneipe im Jordaan mit gemütlicher Galerie über der Gaststube. Besonders lecker sind die Suppen.

- Egelantiersgracht 12

Shopping

Erst-klassig

Der Albert-Cuyp-Straßenmarkt im Ausgehviertel De Pijp lockt mit Multikulti-Kitsch und Schnäppchen-Angeboten.

- Albert-Cuypstraat
- Mo–Sa 9.30–17 Uhr

Der schwimmende Bloemenmarkt am Singel ist ein Erlebnis für alle Sinne.

- Singel, zwischen Koningsplein und Muntplein
- tgl. 9–18.30 Uhr

Nachtleben

In der **Stadsschouwburg**

- Leidseplein 26
- Tel. 0 20/5 23 77 00
- www.ssba.nl

finden Tanz- und Theaterevents statt, im **Paradiso** treten Pop- und Latin-Stars auf.

- Weteringschans 6
- www.paradiso.nl

Ausflüge

Amstelveen

Die kreativen Experimente der 1948 bis 1951 bestehenden Künstlergruppe CoBrA um Karel Appel und Asger Jorn, die sich »einem figürlichen Expressionismus« verpflichtet fühlte, werden im **CoBrA Museum** attraktiv präsentiert (Sandbergplein 1, 1181 ZX Amstelveen, www.cobra-museum.nl, Di–So 11–17 Uhr). Der 1939 angelegte Naturgarten De Braak sowie der 1940 von Dr. J. P. Thijsse geschaffene **Park** sind ein Refugium für Stadttouristen und bedrohte Wildpflanzenarten gleichermaßen (Zugänge am Amsterdamse Weg).

Erst-klassig

Verkehr

Die Kleinstadt 8 km südlich des Zentrums erreicht man ab Centraal Station mit der **Metro 51** (Südlinie) sowie der **Tram 5** (auch ab Museumsplein).

Zar-Peter-Haus und *Zaanse Schans

Das schlichte **Czaar Petershuisje**, in dem der russische Zar 1697 als Zimmermannslehrling gewohnt haben soll (Krimp 23, Di–So 13–17 Uhr), sowie das ***Freilichtmuseum Zaanse Schans** mit liebevoll arrangierten Gebäuden aus dem 17./18. Jh. sind die Attraktionen des Polderlandes nördlich von Amsterdam. Windmühlen, eine Käserei, eine Holzschuhmanufaktur und das Zaans Museum erinnern an den Dorfalltag jener Zeit (Schansend 7, www.zaanseschans.nl, tgl. 9–17 Uhr).

Verkehr

Die **Buslinie 91** fährt ab Centraal Station zur Zaanse Schans, der **Nahverkehrszug Amsterdam CS-Alkmaar** hält am Bahnhof Koog-Zaandijk, von dort kurzer Fußweg zum Freigelände. Zum Czar Petershuisje läuft man vom Bahnhof Zaandam etwa 10 Min. Vom Bahnhof aus erreicht man das Freilichtmuseum mit **Bus Nr. 89.** Oder man besucht beide Attraktionen im Rahmen einer etwa 35 km langen Fahrradtour.

Terschelling, Strand bei Midsland

Der reizvolle Norden

Das Beste!

- Als Freizeitkapitän mit einer Segeljolle oder einem Motorboot die friesischen Seen und Kanäle erobern › S. 62
- Im Planetarium von Eise Eisinga das Himmels-W suchen › S. 58
- Wie in alten Zeiten mit einem Stechkahn durch das nostalgische Giethoorn gleiten › S. 61

› Karte S. 54

Wasser ist das bestimmende Element in Friesland. Wattwanderungen, Bootstouren und Badespaß ziehen viele Urlauber in den Norden der Niederlande und auf die fünf Inseln im Wattenmeer.

Was entsteht, wenn technisch versierte Menschen der rauen Nordsee Land zum Siedeln und Bebauen abringen, kann man vielerorts im Norden des Landes erleben: Deiche und Wehre schützen die Felder vor Sturmfluten, ein windiger Fahrdamm durchschneidet das IJsselmeer. Hunderttausende Besucher genießen hier jedes Jahr einen »amphibischen« Urlaub: Von der Wattwanderung über Bootstouren auf den friesischen Seen bis zum Kulturgenuss im Grachtenidyll von Leeuwarden und Groningen reichen die Möglichkeiten.

Das Wattenmeer der Nordsee steht seit kurzem auf der Liste des UNESCO-Weltnaturerbes. Zwar ist die Region inzwischen touristisch stark erschlossen, die Verantwortlichen bemühen sich dennoch um den Schutz des sensiblen maritimen Ökosystems. Den südlichen Teil des Naturraums bilden die friesischen Watteninseln Texel, Vlieland, Terschelling, Ameland und Schiermonnikoog. Texel und Terschelling bieten als große Urlaubszentren während des Sommers nicht nur trubeliges Strand-, sondern auch buntes Nachtleben.

Groninger Museum – Avantgarde inmitten der traditionellen Grachten

Touren in der Region

Tour 8 Friesische Impressionen

Tour-Übersicht:

Verlauf: **Groningen › Leeuwarden › Harlingen › Sneek › Hindeloopen › Lemmer › Giethoorn › Meppel › Nationalpark Dwingelderveld › Groningen**

Dauer: 3 Tage (ca. 350 km)

Praktische Hinweise:

- Das ländliche Friesland kann man am besten mit dem eigenen Pkw oder per Fahrrad erkunden.
- Achtung: Wer entlang der Küste radelt, hat meistens Seiten- oder Gegenwind!

Tour-Start:

Eine Rundfahrt ausgehend von der attraktiven Kunst-, Shopping- und Universitätsstadt ****Groningen** › **S. 53** mit dem spektakulären futuristischen Groninger Museum führt durch das flache Land nach ****Leeuwarden** › **S. 56**, wo im Princessehof die bedeutendste Keramiksammlung der Niederlande zu bestaunen ist. Ein abendlicher Bummel durch das malerische Städtchen beschließt den ersten Reisetag.

Am zweiten Tag reihen sich die nostalgischen friesischen Städtchen wie Perlen an einer Schnur: ***Harlingen** › **S. 58**, ***Sneek** › **S. 59**, ***Hindeloopen** › **S. 60** und ***Lemmer** › **S. 61** bieten allesamt friesische Atmosphäre und reizende Ecken. Der ganze Charme der Region konzentriert sich im fast schon museal anmutenden ****Giethoorn** › **S. 61** mit seinen zahllosen Holzbrücken. Hier verbringt man gerne eine Nacht, zumal abends die Tagestouristen wieder verschwunden sind!

Der dritte Tag führt in die benachbarte Provinz Drenthe, wo sich nordöstlich der Handelsstadt **Meppel** › **S. 62** der **Nationalpark Dwingelderveld** › **S. 62** erstreckt, Europas größtes Heidefeuchtgebiet. Nach einem ausgedehnten Spaziergang kehrt man wieder nach Groningen zurück.

Tour 9 Seitenwind auf Terschelling

Tour-Übersicht:

Verlauf: **West-Terschelling › Midsland › Oosterend › West-Terschelling**

Dauer: 1 Tag (ca. 50 km Radtour)

Praktische Hinweise:

- Leihfahrräder erhält man in West-Terschelling bei Haantjes Rijwielverhuur (www.fietsenopterschelling.nl);
- Fahrradroutenführer »Spuren im Sand« beim VVV und in den Souvenirläden;
- Mo–Sa jeweils 10.30 Uhr Käsereiführung in Lies mit Kostproben; Cranberryernte im Sept./Okt.

› Karte S. 54

Schmucke Giebelhäuser am Grote Markt von Groningen

Tour-Start:

Zwar ist die Insel nur 30 km lang, doch rund 70 km Radwege durch Dünen und Polder bieten ein sportliches Tagesprogramm. Bequeme Wege führen vom Inselhauptort **West-Terschelling** › **S. 67** am Ferienzentrum **Midsland** › **S. 67** vorbei ins Inselinnere, zur Käserei auf dem Pieter Peit's Hoeve in **Lies.**

Gestärkt radelt man dann, meist bei Gegenwind, ins ruhige **Oosterend** und zum Aussichtspunkt am Kapitein Rob Monument, wo sich an traumhaften Sandstränden ein ruhiger Fleck zum (Sonnen-)Baden und Picknicken findet.

Für die Rückfahrt empfiehlt sich die Strecke entlang der Südflanke von Terschelling – meist mit angenehmem Seitenwind. Wer gern gesunde frische Früchte nascht, kann in den Herbstmonaten noch an den Cranberryfeldern bei **West aan Zee** vorbeirollen. Die Vitamin-C-reichen Moosbeeren, die eigentlich aus Nordamerika stammen, sind eine Spezialität der Insel.

Verkehrsmittel

Zum eigenen Fahrzeug gibt es für Touren im dünn besiedelten Friesland sowie in den angrenzenden Regionen der Provinz Drenthe keine Alternative. Im Großraum Groningen bedienen die Citybusse viele Ziele. Auf den Watteninseln eignen sich Fahrräder als Fortbewegungsmittel.

Wichtige Adressen

Fryslan Marketing

- Heliconweg 62
- 8914 AT Leeuwarden
- Tel. 0 58/2 33 07 40
- www.beleeffriesland.nl

Provincie Drenthe

- Westerbrink 1
- 9405 BJ Assen
- Tel. 05 92/36 55 55
- www.drenthe.nl (nur Niederländisch)

www.frieslanderleben.nl

Touristische Informationen zu den elf friesischen Städten und dem Wattenmeergebiet mit seinen fünf Inseln. Besonders umfangreich sind die Infos über die Wassersportmöglichkeiten.

Unterwegs im Norden

**Groningen 1

Die quirlige Universitätsstadt (195 400 Einw.) lockt mit einer reizvollen Mischung aus Tradition und Avantgarde sowie mit einem abwechslungsreichen Umland. Die Stadt war im Zweiten Weltkrieg das Ziel schwerer Bombenangriffe, was die Mischung verschiedenster Baustile erklärt.

Historisch interessante Architektur findet sich vorwiegend rund um den alten Stadthafen (Noorderhaven) und in den hübschen Hofjes, darunter Sint Anthonygasthuis (Rademarkt 29), Heilige Geestgasthuis (Pelsterstraat 43) und Pepergasthuis (Peperstraat 22).

Im Stadtzentrum überragt der ***Martinitoren** der gleichnamigen Kirche aus dem 13. Jh. den Marktplatz. Der 97 m hohe »Olle Grieze«, so der Spitzname des Wahrzeichens, bietet die beste Aussicht auf Stadt und Umland (Martinikerkhof 3, April–Okt. Mo–Sa 11–17, im Hochsommer auch So 11–16 Uhr; sonst Mo–Sa 12–16 Uhr).

Das ***Groninger Museum,** zugleich eine Galerie moderner Kunst, Kunsthandwerkssammlung und ein Heimatmuseum, besteht aus mehreren futuristischen Pavillons – eine Meisterleistung der zeitgenössischen Avantgardearchitektur auf einer künstlichen Insel inmitten der Stadtgrachten (Di–So 10–17 Uhr, Tel. 0 50/3 66 65 55, www.groningermuseum.nl).

Info

VVV

- Grote Markt 25
- 9712 HS Groningen
- Tel. 09 00/2 02 30 50
- www.toerisme.groningen.nl

Hotel

Asgard ●●

Von Designer Henk Bakker gestaltetes Boutiquehotel mit vielen Naturmaterialien und modernem Komfort.

- Ganzevoortsingel 1
- Tel. 0 50/3 68 48 10
- www.asgardhotel.nl

Zwischenstopp: Restaurants

Classique ●●

Das Hotelrestaurant verwöhnt mit französischer Spitzenküche in elegantem Ambiente; große, ruhige Terrasse.

- Oosterstr. 53
- Tel. 0 50/3 18 95 02

't Pannekoekschip ●

Grandioses Angebot an frischen Pfannkuchen mit Füllungen von originell-herzhaft bis verführerisch süß, serviert auf einem Zweimastsegler von 1908.

- Schuitendiep 1017
- Tel. 0 51/3 12 00 45

Nachtleben

Wer nicht im Kneipenviertel um Grote Markt, Peperstraat und Kromme Ellboog um die Häuser zieht, sollte im legendären **Club Vera** ein Konzert besuchen.

- Oosterstr. 44
- Tel. 0 51/3 13 46 81
- www.vera-groningen.nl

Ausflug nach **Oost-Groningen**

Das reiche Bauernland zwischen Dollart und Drenthe ist ein bedeutendes Agrargebiet. Über die Autobahn A 7 erreicht man zunächst die Gewächshäuser von **Winschoten** 2, wo vor allem Rosen für den Export in alle Welt gezüchtet werden. In dem Städtchen erinnern drei alte Kornmühlen an vergangene Tage.

Im Klokkengieterijmuseum der Glockengießerei Van Bergen im nahen **Heiligerlee** stehen noch uralte Schmelzöfen aus Kupfer (Provincialeweg 46, April Di–So 13–17, Mai–

Touren im Norden

Tour 8 **Friesische Impressionen**

Groningen › Leeuwarden › Harlingen › Sneek › Hindeloopen › Lemmer › Giethoorn › Meppel › Nationalpark Dwingelderveld › Groningen

9. Okt. Di–Sa 10–17, So 13–17 Uhr, www.klokkengieterijmuseum.nl).

rst-! lassig

Im Südosten wurde das sternförmig angelegte Festungsstädtchen Bourtange 3 aus dem 16. Jh. mit seinen mächtigen Außenwerken prächtig restauriert. In der früheren Synagoge ist heute ein Festungsmuseum eingerichtet (Willem Lodewijkstr. 33, Mitte März bis Okt. tgl. 10–17, sonst Sa/So 12–17 Uhr, www.bourtange.nl).

Weiter südlich bietet das **Kloster Ter Apel** von 1465 Kunstausstellungen in weihevollem Ambiente (Booslan 3–5, Di–Sa 10–17, So 13–17 Uhr, Sommerferien bis 18 Uhr, www.kloosterterapel.nl).

Tour 9 Seitenwind auf Terschelling

West-Terschelling › Midsland › Oosterend › West-Terschelling

Delfzijl und Appingedam

Auf den ersten Blick erkennt man nicht, dass sich **Delfzijl** 4 (26 000 Einw.) um einen der wichtigsten Häfen der Niederlande krümmt. In einem großen Bunker aus dem Zweiten Weltkrieg wurde das

Erst-! klassig Muzeeaquarium eingerichtet, in dem man u. a. kleine Haie streicheln kann (Zeebadweg 7a, www.muzeeaquarium.nl, tgl. 10 bis 16.30 Uhr).

Im nahen **Appingedam** 5 bietet das historische Stadtbild neben dem schmucken Renaissance-Rathaus eine Kuriosität, die »hängenden Küchen«, die man aus Platzmangel als weiße Holzvorbauten über das Wasser des Damsterdiep platzierte.

Pieterburen 6

Die **Zeehondencréche,** eine turbulente Aufzuchtstation für verlassene junge Seehunde, ist nicht nur für Kinder eine Attraktion. Man lernt außerdem viel Interessantes über die ökologischen Zusammenhänge im nahen Wattenmeer (Hoofdstraat 94a, 9968 Pieterburen, Tel. 05 95/ 52 65 26, www.zeehondencreche.nl, tgl. 9–18 Uhr).

Shopping

In Eenrum, südlich von Pieterburen, erinnert **Abraham's Mosterdmakerij** an die regionale Tradition der Senfherstellung.

- Molenstraat 5
- Mi–So ab 11 Uhr
- mit Laden und Restaurant

**Leeuwarden 7

Eine beschauliche kleinstädtische Grachtengemütlichkeit empfängt den Besucher im Verwaltungssitz der Provinz Friesland. Die Stadt (96 000 Einw.) wuchs im Mittelalter aus drei Terpen › **Seitenblick S. 57** zusammen und ist zum großen Teil noch von ihren sternförmig angelegten Bastionen umgeben. Heute ankern Sportboote im alten Stadtgraben, der Stadsgracht.

Bei einem Spaziergang sind die **Sint Bonifatiuskerk,** ein Werk von P. H. J. Cuypers aus den Jahren 1882–1884, das schmucke **Stadhuis** am Raadhuisplein mit seinem Glockenspiel von anno 1668, der 40 m hohe, schiefe **Oldehove-Toren** (Oldehoofster Kerkhof, Turmbesteigungen Mai–Sept. Di bis Sa 13–17 Uhr, www.museumdokkum.nl) und das Renaissancegebäude der **Kanselarij,** der Stadtkanzlei am Turfmarkt, die wichtigsten Stationen.

Einen hervorragenden Ruf genießt das **Keramiek Museum Het Princessehof** in einem barocken Stadtpalast. Es birgt die bedeutendste Fayencen- und Porzellansammlung des Landes (Grote Kerkstraat 11, Di–So 11–17 Uhr, Tel. 0 58/2 94 89 58, www.princessehof.nl).

Das **Fries Museum** befasst sich mit dem künstlerischen Schaffen in der Provinz seit dem 16. Jh. (Turfmarkt 11, Di–So 11–17 Uhr, www.friesmuseum.nl). Auch die Lebensgeschichte der verführerischen Spionin Mata Hari wird illustriert, die 1876 als Margarethe Zelle in Leeuwarden zur Welt kam. Auf der Korfmakerspijp hat man ihr ein Denkmal gesetzt.

Info

VVV

- Sophielaan 4
- 8911 AE Leeuwarden
- Tel. 09 00/2 02 40 60
- www.vvvleeuwarden.nl

Hotels

Eden Oranje-Hotel ●●●
Gehobenes Hotel in einem historischen Gebäude vis-à-vis vom Bahnhof, knapp 80 moderne Zimmer, gute Küche im hauseigenen Restaurant.

- Stationsweg 4
- Tel. 0 58/2 12 62 41
- www.edenhotelgroup.com

't Anker ●
Einfache, aber helle Zimmer in der Altstadt mit oder ohne eigenes Bad, angenehme Atmosphäre. Auch Schlafsaal für bis zu 14 Personen.

- Eewal 73
- Tel. 0 58/2 12 52 16
- www.hotelhetanker.nl

Zwischenstopp: Restaurant

Spinoza ●
Gemütliches Kneipenlokal mit hübschem Innenhof und teils vegetarischer Bioküche.

- Eewal 50–52
- Tel. 0 58/2 12 93 93
- www.eetcafespinoza.nl

Am Lauwersmeer

Der Nationalpark um die Bucht Lauwersmeer ist im Frühjahr und Herbst ein wichtiger Rastplatz für Zugvögel, im Sommer eine entspannte Reiseregion: Im Örtchen **Veenklooster** 8 bewachen steinerne Löwen die Freitreppe zum Gutshaus Fogelsangh State aus dem 17. Jh., das als Nebenstelle des Fries Museum in Leeuwarden die ländliche Kultur der Region erklärt (Kleasterwei 1, 30.4.–31.10. Di–Sa 10–17, So 13–17 Uhr).

Kollum 9 schmückt sich mit dekorativen Giebelhäusern und einem stattlichen Rathaus aus Backstein. Die Pfarrkirche hat einen Turm aus dem 12. Jh. 5 km südlich kann man im Friesischen Botanischen Garten De Kruidhof Abertausende von Pflanzen bewundern, darunter über 400 Heilkräuter und viele endemische Arten (Schoolstr. 29b, Buitenpost, www.dekruidhof.nl, April–Okt. Di–Sa 10–17, So 12–17 Uhr). Erst-! klassig

SEITENBLICK

Terpen und Wierden

Wer einst im flachen Friesland auch bei Sturmflut und Überschwemmungen trocken wohnen wollte, schüttete sich einen Erdhügel für das Fundament auf. Diese sog. Terpen oder Wierden kann man mancherorts heute noch erkennen. In **Hoogebeintum** steht gar ein romanisches Tuffsteinkirchlein auf einer 12 m hohen Terpe. Auch sein Innenraum mit 15 prächtigen Totentafeln ist sehenswert. In **Enzige** ist den künstlichen Wohnhügeln der Region sogar ein kleines Museum gewidmet.
Wierdenmuseum
Torenstraat 12
Di–Fr 10–17, Sa/So 13–17 Uhr

› Karte S. 54

*Dokkum 10

Einst war die nördlichste Stadt der Niederlande (12 500 Einw.) Sitz der friesischen Admiralität und bedeutende Festung am Dokkumer Diep. Ihre Bastionen, Gärten, Wälle und Windmühlen laden zum Verweilen ein. Opulent wirken das **Stadhuis** mit einem Sitzungssaal im Rokoko und das von der Renaissance geprägte Admiralitätenhaus, wo das **Streekmuseum** friesische Volkskunst erläutert. So erfährt man u. a., dass der vorgeschichtliche Friese auf Schlittschuhen aus Knochen übers Eis lief (Diepswal 27, Di–Sa 13–17 Uhr).

Erst-! klassig

Vom nahen Fischerdorf Holwerd aus kann man sich bei Ebbe einer geführten Wanderung durchs Watt zu den Sandbänken oder nach Ameland anschließen (Info: VVV Holwerd, Tel. 05 19/ 29 38 00).

*Harlingen 11

Die meisten Urlauber setzen am Fährhafen über zu den Watteninseln Vlieland und Terschelling › **S. 67**, doch die Stadt (17 000 Einw.) lädt mit ihren 500 Giebelhäusern aus dem 17. bis 19. Jh. auch zu Spaziergängen an stillen Grachten ein.

Im **Gemeentemuseum Hannemahuis** wird anhand alter Stadtpläne und detailgetreuer Schiffsmodelle die Harlinger Geschichte dargestellt. Daneben sind Mobiliar, Gemälde, Kupferstiche, Fayence-Fließen und friesisches Silber zu sehen (Voorstr. 56, Di–Fr 11–17, Sa/So 13.30–17 Uhr, www.hannemahuis.nl).

Am Westerzeedijk hat man dem spanischen Statthalter Caspar di Robles zum Dank für seine Hilfe beim Deichbau nach der Sturmflut von 1570 ein Denkmal gesetzt, den **Steenen Man.**

Hotel

Erst-klassig

Originelle Nachtquartiere kann man am Hafen der Krabbenfischer buchen: In der Kanzel eines Hafenkrans, in der Spitze eines Leuchtturms und auf einem alten Rettungsboot wurden maritim-exzentrische Zimmer mit allem Komfort eingerichtet.

- **Dromen aan Zee ●●●**
- Tel. 05 17/41 44 10
- www.vuurtoren-harlingen.nl

*Franeker 12

Erst-klassig

Die wohl schönste der elf friesischen Städte wird umschlossen von einem Grachtengürtel, in dessen Kern sich kleine, schiefe Häuser fotogen aneinanderschmiegen. Auch die Professoren- und Teehäuser am Alten Wall sowie das reizende **Korendragershuis,** das Haus der Kornträger (Eisingastraat) sind lohnende Motive.

Die kulturhistorische Kuriosität der Stadt (21 000 Einw.) liegt versteckt hinter einer schlichten Backsteinfassade: das ****Planetarium** des Wollkämmerers und Tüftlers Eise Eisinga (1744–1828). Im 18. Jh. montierte er ein noch heute funktionierendes, maßstabsgetreues Modell unseres Sonnensystems an die Decke seines bescheidenen Wohnzimmers. Präzise zeichnet es dort seit mehr als 200 Jahren den Lauf der Planeten nach (Eise Eisingastr. 3, Di–Sa 10–17, So 13–17, April bis Okt. auch Mo 13–17 Uhr, www.planetarium-friesland.nl).

*Bolsward 13

Die kleine Hansestadt fasziniert mit ihrem harmonischen Ensemble von Grachten und Bollwerken. Auch eine skurrile Tjasker-Windmühle (der kleinste Windmühlentyp) ist hier zu sehen. Bürgerstolz manifestiert sich in der ***Oudheidkamer Stadhuis,** der stadtgeschichtlichen Sammlung im alten Rathaus. Das Gebäude aus dem 17. Jh. ist exemplarisch für den niederländischen Manierismus (Jongemastr. 2). Die hohen Fenster im Chor der gotischen **Martinikerk** (Grote Kerkhof) leuchten das Kirchenschiff hell aus, Gewölbemalereien zeigen Szenen aus dem Marienleben, die Chorbänke ziert reiches Schnitzwerk.

Shopping

Die Porzellan- und Keramikarbeiten-Manufaktur **Koninklijke Tichelaar** in Makkum (10 km westl. von Bolsward) bildet das friesische Pendant zum Delfter Blau.

- Turfmarkt 65
- Tel. 05 15/ 23 13 41
- www.tichelaar.nl
- Fabrikverkauf Mo 13–17.30, Di–Fr 9–17.30, Sa 10–17 Uhr

Ausflug:

Aldfaers Erf Route

Südwestlich von Bolsward verbindet eine ungefähr 20 km lange Route die friesischen Museumsdörfer ***Allingawier, Exmorra** und **Piaam** sowie das **Landgut Allingastate**. Hier wird das Erbe der Vorfahren in nostalgischen Bauernhöfen, Backstuben, Werkstätten und Schulen gepflegt. Die Bewohner dieser Dörfer tragen immer noch Tracht und bieten ihre Produkte aus dem bäuerlichen Alltag auch zum Kauf an (April–Okt. Di–So 10–17 Uhr, www.aldfaerserf.nl).

In Harlingen

*Sneek 14

Frieslands zweitgrößte Stadt (33 000 Einw.) lebt vor allem von den Wassersportlern. Ihr markantes Wahrzeichen, das doppeltürmige ***Sneeker Waterpoort**, ist im Sommer malerische Kulisse, wenn sich die Besucher beim Plattbodense-

Beim Schlittschuhmarathon »Elfstedentocht« in Friesland

geln *(Skûtsjesilen)* vergnügen. Im Winter tummeln sich Schlittschuhläufer auf den Kanälen. Das schönste Bauwerk ist das ***Stadhuis** (16. Jh., Marktstr. 15) mit seinem im 18. Jh. vorgesetzten Rokokogiebel. Das **Fries Scheepvaart Museum** zur Geschichte der Seefahrt vom 17. bis zum 20. Jh. zeigt neben Schiffsmodellen authentische Einrichtungen der Schiffe (Kleinzand 14, Mo–Sa 10–17, So 12–17 Uhr, Tel. 05 15/41 40 57, www.friesscheepvaartmuseum.nl).

Info

VVV

- Marktstraat 20
- 8601 CV Sneek
- Tel. 05 15/75 06 78
- www.vvvsneek.nl

Hotel

Amicitia ●●

Außen nüchtern, innen schick bis opulent. Modern-freundliche Standard- und fünf originelle Themenzimmer, ambitioniertes Restaurant mit Sonnenterrasse.

- Graaf Adolfstraat 37
- Tel. 05 15/43 68 00
- www.amicitiahotel.nl

Zwischenstopp: Restaurants

Klein Java ●–●●

Freundliches indonesisches Restaurant mit Terrasse. Mo Ruhetag.

- Wijde Noorderhorne 18
- Tel. 05 15/43 24 98

Onder de Linden ●–●●

Regionaltypische Gerichte, Garten mit schattigen Linden. Mo Ruhetag.

- Marktstraat 30
- Tel. 05 15/41 26 54

Am IJsselmeer

*Hindeloopen und Stavoren

Das romantische Städtchen ***Hindeloopen** 15 am IJsselmeer erblühte einstmals durch den einträglichen Seehandel, die schmucken Kapitänshäuser und die Ausstellung im Museum Hidde Nijland verweisen auf das lukrative Goldene Jahrhundert an der Zuiderzee (Dijkweg 1, April–Okt. Mo–Fr 11–17 Uhr, Sa/So 13.30–17 Uhr, www.museumhindeloopen.nl).

Wenige Kilometer südlich ist **Stavoren** 16, die älteste Stadt Frieslands, eines der bedeutenden Wassersportzentren am IJsselmeer. Der gemütliche Stadtkern bietet sich für einen angenehmen maritimen Bummel an. Zwischen Stavoren und *Enkhuizen › S. 102 pendelt die Salonfähre Bep Glasius (Mai bis Sept. tgl. tgl. 10.25, 14.25 und 18.25 Uhr; Fahrradmitnahme möglich, www.veerboot.info).

Hotel

De Vrouwe van Stavoren ●●

Wer einmal in einem großen Weinfass schlafen will, sollte rechtzeitig reservieren. Das ungewöhnliche Nachtquartier ist weltbekannt, urgemütlich – und geräumiger, als man meint.

- Havenweg 1
- 8715 EM Stavoren
- Tel. 05 14/68 12 02
- www.hotel-vrouwevanstavoren.nl

*Lemmer 17

Im rustikalen Örtchen steht mit dem **Woudagemaal** die weltweit größte noch betriebene Dampfmaschine. Königin Wilhelmina hatte die Pumpstation zur Regulierung der regionalen Pegel 1920 gestartet. Das Industriedenkmal steht auf der Liste des UNESCO-Weltkulturerbes (Gemaalweg 1, Di–Sa 10–17, So 13–17 Uhr. Führungen bis 16 Uhr, Besucherzentrum im Jan. geschl., www.woudagemaal.nl).

**Giethoorn 18

Die perfekte Dorfidylle beginnt hinter einer Allee aus mächtigen Pappeln. Zahllose Holzbrücken verbinden die auf Inseln erbauten Häuser. Fischer aus »Klein-Venedig« steuern flache Stechkähne durch die Grachten und zu Gehöftinseln bis nach Staphorst; man kann auch selbst mit dem Boot auf Erkundungstour gehen.

Hotel

De Pergola ●●

Schmuckes kleines Hotel mit Terrasse und eigenem Landungssteg. Im Restaurant gibts Fischspezialitäten.

- Hylkemaweg 7

SEITENBLICK

Schlittschuhmarathon

Jeden Winter haben die friesischen Feuerwehren einen Nebenjob: Gemeinsam mit dem örtlichen IJsclub (Eisclub) fluten sie Wiesen und legen Eisfelder an mit Bahnen für Kortebaan-Wedstrijden oder Schaatsmarathon – Sprint oder Langstrecke. Überall werden Schlittschuh-Volksläufe – Tourtocht genannt – organisiert und Jahr für Jahr stellen sich die Sportler auf den schnellen Kufen eine Frage: »Wird es endlich wieder eine Elfstedentocht geben?« Überall wartet man auf eine durchgehend dicke Eisschicht, denn nur dann kann dieser traditionelle Schlittschuhmarathon durch elf Städte Frieslands starten. In den vergangenen 105 Jahren war dies nur 15-mal möglich, zuletzt 1997. 16 000 Teilnehmer machten sich auf die 200 km lange Tour von Leeuwarden über Sneek, Stavoren, Hindeloopen und Bolsward wieder nach Leeuwarden. Die schnellsten Läufer erreichen das Ziel nach knapp 7 Stunden (www.elfstedentocht.nl).

- Tel. 05 21/36 13 21
- www.de-pergola.nl

Zwischenstopp: **Restaurant**

De Lindenhof ●●●

Erst-! klassig

Ausgesuchte Köstlichkeiten der Region kombiniert Sternekoch Martin Kruithof zu großartigen Menüs, dazu werden erlesene Tropfen aus dem Weinkeller gereicht. Übernachten kann man in zwei stilvollen Suiten des romantischen alten Bauernhauses.

- Beulakerweg 77
- Tel. 05 21/36 14 44
- www.restaurantdelindenhof.nl
- Mo, Di und teils Jan. und Okt. geschl.

Meppel 19

Der markante Turm der **Grote Kerk** (15. Jh.) prägt das Bild der Stadt, die dank ihrer Jachthäfen und der weitflächigen Seengebiete des Umlandes zu einem Dorado für Wassersportler geworden ist. Das Meppeler Diep erlaubt Freizeitkapitänen den direkten Zugang zu den städtischen Grachten. Sehenswert ist das **Drukkerijmuseum,** das anschaulich die Kunst der Papierherstellung sowie die Handwerke des Druckens und Bindens beleuchtet (Kleine Oever 11, Di–Sa 13–17 Uhr).

Hotel

De Poort van Drenthe ●

Nostalgisches Landgasthaus mit 13 funktional eingerichteten Zimmern und feiner Hausmannskost.

- Parallelweg 25
- 7941 HH Meppel
- Tel. 05 22/25 10 80
- www.hotel-meppel.nl

Ausflug in die

Nationalparks von Drenthe

Zwei Nationalparks nördlich bzw. nordöstlich von Meppel laden zu ausgedehnten Wanderungen oder Fahrradtouren ein.

Europas größtes Heidefeuchtgebiet erstreckt sich in der Provinz Drenthe und ist geschützt durch den **Nationalpark Dwingelderveld** 20 (3700 ha). Im Frühling und Herbst rasten Zugvögel in diesem Gebiet (Besucherzentrum Dwingelderveld, Tel. 05 21/47 29 51, www.nationaal park-dwingelderveld.nl).

An der Nordgrenze des Parks sind der Ort **Dwingeloo** und das Planetron mit den Radioteleskopen durch ihre Erwähnung in Harry Mulischs Roman »Die Entdeckung des Himmels« (1992) bekannt. Besucher können sich mit dem Fernrohr auf Planetensuche machen (Drift 11 b, Mai–Okt. Mo bis Sa 10–17.30, So 12–17.30, sonst Mi/So 12–17 Uhr, außerdem Abendöffnungen, Info Tel. 05 21/ 59 35 35, www.planetron.nl).

Wenige Kilometer westlich liegt das Dorf **Diever** fernab von Hektik und Lärm inmitten des 4000 ha großen Nationalparks **Drents Friese Wold** 21. Im Schultehuis am Brink kann man ein Museum für bäuerliche Wohnkultur besuchen. Der Nationalpark schützt eine hügelige Heidelandschaft mit ausgedehnten Wäldern (Besucherzentrum Appelscha, Tel. 05 16/46 40 20, www.np-drentsfriesewold.nl).

SPECIAL

Freiheit auf dem Fietspad

3

Das Fahrrad *(fiets)* ist in den Niederlanden allgegenwärtig. Für Freizeitradler gelten auf rund 45 000 Kilometern bestens gepflegter Radwege geradezu paradiesische Zustände: Es gibt ein eigenes Wegenetz von Fietspaden, die schnellen Verbindungen sind mit weiß-roten, die landschaftlich reizvollen mit weiß-grünen Schildern markiert. An Kreuzungen stehen Radfahrerampeln, in den Städten gibt es Parkhäuser, Parkuhren und Waschanlagen nur für Drahtesel. Selbst Ordnungshüter sind auf zwei Rädern im täglichen Einsatz …

Einen Überblick über das Netz der ausgeschilderten Tourenwege Landeslijke Fietsroutes (LF) und zahlreiche nützliche Tipps bietet die Rad-Ideenkarte Niederlande der Stichting Landelijk Fietsplatform (www.fietsplatform.nl), die man auch beim NBTC › **S. 139** erhält. Topografische Fietskarten des Verlags ANWB für regionale Touren gibt es im Buchhandel oder bei den VVV (www.anwb.nl).

Als Tourenspezialist kombiniert etwa Cycletours den Spaß auf zwei Rädern mit dem maritimen Flair von Schiffsreisen zu Bike & Barge-Tours durch den Gouden Circel, das Tulpenland oder die elf friesischen Städte.

Cycletours
Buiksloterweg 7A
1031 CC Amsterdam
Tel. 0 20/5 21 84 90
www.cycletours.com

Drahtesel zu verleihen …

Urlauber können ihr Fahrrad bequem per Bahn befördern. Zum Transport ins Urlaubsgebiet benötigt man eine Internationale Fahrradkarte (www.bahn.de). In den Niederlanden selbst nutzt man die Tageskarte Dagkaart Fiets (6 €, www.ns.nl).

Wer den eigenen Drahtesel lieber zu Hause lassen will: An mehr als 100 Bahnhöfen kann man preisgünstig Fahrräder mieten und später an anderen Bahnhöfen wieder abgeben (Kaution erforderlich). Auch in den Naturparks wie De Hoge Veluwe stehen Leihräder (mit Kindersitzen) zur Verfügung. Zudem gibt es in allen größeren Orten private Fahrradverleihfirmen, die teils auch organisierte Tagestouren anbieten, z.B. durch Amsterdam, wo im Tretboot auf den Kanälen »geradelt« wird.

- **Yellow Bike**
  Nieuwezijds Kolk 29
  1012 SE Amsterdam
  Tel. 0 20/6 20 69 40
  www.yellowbike.nl
- **Canal Bike**
  Weteringschans 26
  1017 SG Amsterdam
  Tel. 0 20/6 26 55 74
  www.canal.nl/canal-bike

Gegen den Wind

250 km über Dünen und Deiche in Richtung Norden führt eine sechstägige Küstentour für sportliche Radwanderer vom idyllischen Middelburg über das Sturmflutwehr an der Oosterschelde und Maassluis zu den bekannten Nordseebädern Scheveningen, Katwijk und Noordwijk. Nach einem Abstecher in das Zentrum von Haarlem erreicht man über Bergen aan Zee den Zielort Den Helder.

Schlafen bei Freunden

Die Stiftung Vrienden op de Fiets vermittelt im ganzen Land sowie in Belgien rund 3700 preiswerte Unterkünfte mit Frühstück speziell für Radfahrer. Gegen eine geringe Mitgliedsgebühr erhält man ein Adressverzeichnis und viele praktische Tipps für die Tourenplanung.

- **Vrienden op de Fiets**
  Ereprijshof 7
  3991 GV Houten
  Tel. 0 30/2 67 90 70
  www.vriendenopdefiets.nl

Rijwiel Vierdaagse

Ein familienfreundlicher Fahrrad-Klassiker ist die viertägige Erkundungstour über die flachen Hügel der Provinz Drenthe. Je nach Lust und sportlicher Kondition kann man mit vielen anderen fröhlichen Radfahrern täglich zwischen 30 und 150 km zurücklegen und dabei die Landschaft der sagenumwobenen Hünengräber erkunden.

Einen Terminkalender der Fahrrad-Events findet man unter www.niederlande.de. Pro Jahr werden rund 8000 organisierte Touren veranstaltet. Der zweite Samstag im Mai ist der Nationale Fahrradtag!

Kleines Radlerlexikon

Deutsch	Niederländisch
Fahrrad	fiets
Fahrradweg	fietspad
Fahrradverleih	fietsverhuur
Kindersitz	kinderstoeltje
Stadtplan	plattegrond
Flickzeug	bandenplakset
Luftpumpe	fietspomp
Entfernung	afstand

Unterwegs auf den Watteninseln

Wie fünf grün-sandige Fladen liegen die friesischen Watteninseln vor der Küste. Im Sommer suchen und finden Hunderttausende dort Sonne, Sport und Badespaß. Das Fahrrad ist das bevorzugte Transportmittel; Vlieland und Schiermonnikoog sind autofrei.

Verkehr

Täglich mehrere (Auto-)Fährverbindungen von Den Helder nach Texel (ca. 20 Min., Info: www.teso.nl), von Harlingen nach Vlieland und Terschelling (Schnelldienst 30 bzw. 45 Min., Info: www.rederij-doeksen.nl), von Holwerd nach Ameland sowie von Lauwersoog nach Schiermonnikoog (jeweils 45 Min., Info: www.wpd.nl).

Zwischen den Inseln sind meist nur Ausflugsboote mit eingeschränkten Fahrplänen im Einsatz (Ausnahme: Texel–Vlieland im Juli/Aug. tgl. 9.30 und 10.45 Uhr; Vlieland–Terschelling Di, Mi, Do 10.05 Uhr). Infos beim jeweiligen VVV, › **S. 66, S. 67** und **S. 68**.

Fahrräder werden überall verliehen – oder man nimmt das eigene Rad mit.

*Texel 22

Schon im Mai lohnt eine Reise auf die größte und abwechslungsreichste der Watteninseln: Blühende Blumenfelder, der markante rote Leuchtturm und die vielen Lämmer sind schöne Fotomotive. Typisch für das sanft hügelige Texel mit seinem 25 km langen Sandstrand sind die spitzgiebeligen, reetgedeckten Gülfhäuser. **Den Burg** ist das größte Dorf; **De Koog** erwacht nur im Sommer zum Leben – dann aber richtig.

Die 13 500 Bewohner leben von Tourismus, Landwirtschaft, Fischerei und Schafzucht. Trotz des Rummels gibt es noch stille Idyllen wie die Dörfer **Oosterend** und **Oudeschild** im Nordosten. Im Norden bei De Cocksdorp kann man den roten **Leuchtturm** über 153 Stufen erklimmen (Mai bis Sept. Mo–Fr 10–20, Sa/So 10 bis 17 Uhr, sonst eingeschränkt).

Der größte Teil der Insel ist Landschaftsschutzgebiet. 306 Vogelarten nisten an kleinen Seen, die nach Deicheinbrüchen entstanden, sog. *weelen*. Ecomare, ein Natur- und Informationszentrum für das Wattenmeer, bietet Unterwasseraquarien und ein Pflegezentrum für Seehunde (Ruyslaan 92, De Koog, tgl. 9 bis 17 Uhr, www.ecomare.nl). **Erst-! klassig**

Reetgedecktes Haus auf Ameland

› Karte S. 54

Dünen auf der 30 km langen Insel Terschelling

Info

VVV
Emmalaan 66
1791 AV Den Burg
Tel. 02 22/31 47 41
www.texel.net

Hotels

Opduin ●●
Moderner Komplex mit Schwimmbad in den Dünen, ruhig, strandnah.
Ruyslaan 22
1796 AD De Koog
Tel. 02 22/31 74 45
www.opduin.nl

Tatenhove ●
Rustikale Hotel-Pension mit Blick auf Dünen und Wiesen.
- Bosrandweg 202
- 1796 NK De Koog
- Tel. 02 22/31 72 74
- www.hoteltatenhove.nl

Texel Yurts ●
Erst-! klassig
Komfortabel eingerichtete mongolische Steppenzelte samt Küchenzeile; vor allem bei Familien beliebt.
- De Ruyterstraat 36
- 1792 AH Oudeschild
- Tel. 06/50 52 87 08
- www.texelyurts.nl

Zwischenstopp: **Restaurant**

Vogelhuis Oranjerie ●●
Holländische Küchenklassiker sowie Fisch und Meeresfrüchte.
- Dorpsstraat 204
- De Koog
- Tel. 02 22/31 72 79

Vlieland 23

Trotz der 8000 Besucher pro Saison geht es auf der kleinen, autofreien Insel mit ihren 1100 Bewohnern recht geruhsam zu. Fahrradwege durchziehen die Dünenlandschaft, in der das Besucherzentrum **De Noordwester** Startpunkt zu einer Erkundungstour ist (Dorpsstraat 150, www.denoordwester.nl). **Oost-Vlieland,** ein altes Fischerdorf, lockt mit Giebelhäusern aus dem 17. Jh. an der Dorpsstraat und einem hübschen Leuchtturm (Mo–Fr 14–16, Sa/So 10.30–12 Uhr, außerhalb der Saison eingeschränkt). Hauptattraktion für Sommergäste ist der etwa 12 km lange Sandstrand an der Westseite.

Info

VVV
- Havenweg 10
- 8899 BB Vlieland
- Tel. 05 62/45 11 11
- www.vlieland.net

Hotel

De Wadden ●●
Familiäres Quartier mit modern-maritim eingerichteten Zimmern, teils Meerblick. Gutes Restaurant.
- Dorpsstraat 61
- 8899 AD Vlieland
- Tel. 05 62/45 26 26
- www.westcordhotels.nl

Terschelling 24

Auf sechs Ortschaften verteilen sich die rund 4500 Einwohner der Insel. Hauptziel für Sonnenhungrige ist der lange, rund 1 km breite Sandstrand. Jugendliches Publikum schätzt die Hauptorte **West-Terschelling** sowie **Midsland** wegen der Auswahl an Bars, Diskos und Restaurants. Ruhe und Entspannung findet man bei Wanderungen z.B. durch De Boschplaat und De Noordvaarder. Wegen der einzigartigen Vielfalt an Wildpflanzen wurde Terschelling zum Europäischen Naturschutzgebiet ernannt.

st-! ssig

Die Insel war schon im 13. Jh. bewohnt. Im 16./17. Jh. gewann sie durch den Handel mit den Zuiderzee-Städten und die Waljagd an Bedeutung; heute sind hier angebaute Cranberrys ein Exportschlager. Vom frühen Reichtum zeugen die Fassaden der Kapitänshäuser in den beiden Hauptorten. Im **Gemeentemuseum 't Behouden Huys** in West-Terschelling sieht man Trachten und erfährt viel über den Walfang sowie das Lotsenwesen (Commandeursstr. 30–32, April–Okt. Di–Fr 10–17, Sa/So (Juli/Aug. auch Mo) 13–17 Uhr, www.behouden-huys.nl).

Info

VVV
- Willem Barentszkade 19 a
- 8881 BC West-Terschelling
- Tel. 05 62/44 30 00
- www.vvvterschelling.nl

Hotels

Hotel NAP ●●
Traditionshotel mit 32 Zimmern, schöner Terrasse und niveauvoller regionaltypischer Küche.
- Torenstraat 55
- 8881 BH West-Terschelling
- Tel. 05 62/44 32 10
- www.hotelnap.nl

Bornholm ●●
Frisch renoviertes Hotel mit modernster Ausstattung, Sauna, Dampfbad und Fitness in schöner ländlicher Lage.
- Hoofdweg 6
- 8881 HA West-Terschelling
- Tel. 05 62/44 22 66
- www.hotelbornholm.nl

*Ameland 25

Dünen, Wald, ein langer Sandstrand und die große Artenvielfalt an Vögeln sind die Besonderheiten dieser 27 km langen und somit drittgrößten Watteninsel. Die rund 3300 Einwohner verteilen sich auf den Hauptort Nes sowie die Dörfer Hollum, Ballum und Buren. Im 17. und 18. Jh. lebte die Bevölkerung vom Walfang. Zeichen des damaligen Wohlstands sind die Kommandeurshäuser. Das **Cultuur-Historisch Museum** zeigt, wie das Leben einer Ameländer Kapitänsfamilie vor 250 Jahren aussah (Herenweg 1, Hollum, Juli/Aug. Mo–Fr 10–17, Sa/So 13.30–17 Uhr, sonst kürzer).

In der unberührten Dünenlandschaft der Naturschutzgebiete Den Oerd und De Hon im östlichen Teil der Insel brüten rund 50 Vogelarten. Während der Brutzeit sind Teile des Areals gesperrt.

Info

VVV

- Bureweg 2
- 9163 KE Nes
- Tel. 05 19/54 65 46
- www.vvvameland.nl

Hotels

Hofker ●●

Schön gelegener, traditionsreicher Familienbetrieb, recht gemütliche Zimmer und Apartments mit Blick auf das Meer oder ins Grüne.

- Jan Hofkerweg 1
- 9163 GW Nes
- Tel. 05 19/54 20 02
- www.hotel-hofker.nl

Amelander Kaap ●●

Freundlich-komfortabler Neubau mit gutem Sportangebot, in der Nähe des Leuchtturms.

- Oosterhiemweg 1
- 9161 CZ Hollum
- Tel. 05 19/55 46 46
- www.amelander-kaap.nl

Zwischenstopp: **Restaurant**

De Klimop ●●

In urigem Ambiente werden lokale Fleisch- und Fischspezialitäten serviert.

- Jan Hofkerweg 2
- Nes
- Tel. 05 19/54 22 96

*Schiermonnikoog 26

Von 1878 bis 1945 war die Insel im Besitz der deutschen Grafenfamilie Bernstorff, nach dem Krieg ging sie in Staatsbesitz über. Heute leben rund 1000 Menschen auf dem 14 km langen, autofreien Eiland, das zum Naturschutzgebiet erklärt wurde und Einsamkeit verspricht, trotz jährlich 300 000 Besuchern – überwiegend Tagesausflügler.

Im Besucherzentrum **Oude Centrale** kann man geführte Touren durch das Watt, die Dünenwildnis und ins Vogelreservat Kobbeduinen buchen (Torenstreek 20, www.nationaalpark.nl/schiermonnikoog).

Erstklass

Info

VVV

- Reeweg 5
- 9166 PW Schiermonnikoog
- Tel. 05 19/53 12 33
- www.vvvschiermonnikoog.nl

Zwischenstopp: **Restaurant**

De Zeester ●●

Eetcafé und Grillhouse-Restaurant in den Dünen, tgl. bis 21.30 Uhr.

- Badweg 117
- Tel. 05 19/53 15 66

Scheveningens prachtvolles Kurhaus an der Strandpromenade

Hollands lange Badeküste

Das Beste!

- **Die schönste Strandburg** des Strandes bauen – und gelassen zusehen, wie die Flut alle Türme, Zinnen und Erker wieder davonspült › S. 90, 99
- **Im Dünendurcheinander** von Noordhollands Duinreservaat für einige Stunden die Orientierung verlieren › S. 98
- **An den malerischen** zeeländischen Hafenpromenaden fangfrische Krabben, Austern oder Muscheln genießen › S. 79

› Karte S. 72

Sandburgen bauen, Dünen erklimmen, in der Nordsee plantschen – dieses Programm begeistert Millionen von Urlaubern. Nur einen Steinwurf von der Küste entfernt liegen stolze alte Handels-, Hafen- und Residenzstädte.

Braungebrannt oder sandgestrahlt, menschenleer oder trubelig-turbulent, traditionsgeladen oder einfach nur total entspannt: Die niederländische Küstenregion zwischen Zeeland im Südwesten und Den Helder im Norden ist ein sehr abwechslungsreicher, 280 km langer Landstrich, der kaum einen Urlaubswunsch offen lässt. Kilometerlange Sandstrände und beeindruckende Dünengürtel halten dem nie endenden Anbranden der Nordseewellen stand. Nostalgische und teilweise mit eigenwilligen modernistischen Blickfängen geschmückte Strandbäder wie Zierikzee, Scheveningen oder Katwijk aan Zee wechseln sich ab mit familienfreundlichen Campingplätzen oder Hüttendörfern. Ganz im Süden sorgen beeindruckende Sturmflutwehre an der Oosterschelde sowie am Hoek van Holland dafür, dass die Wogen das Land nicht überspülen – es liegt zum Teil unter dem Niveau einer durchschnittlichen Flut.

Mühlenlandschaft bei Kinderdijk

Nur wenige Kilometer von der Badeküste entfernt zeugen die nostalgischen alten Hafen-, Handels-, Residenz- und Festungsstädte Südhollands, vor allem Delft, Leiden und Haarlem, mit sehr gut erhaltener historischer Bausubstanz vom Wohlstand der vergangenen Jahrhunderte und vom Einfallsreichtum der Niederländer, deren touristisch extrabreites Angebot jedes Jahr Millionen von Urlaubern überzeugt. Die altehrwürdigen Windmühlen von Kinderdijk, die Blütenorgien in Keukenhof oder die Käsemärkte von Gouda, Edam und Alkmaar sind liebevoll gepflegte Holland-Klischees mit Wohlfühlgarantie. Und auch die beiden Metropolen des Landes, das fröhlich-museale Amsterdam sowie das moderne, umtriebige Rotterdam mit seinem Welthafen und vielen überraschenden Facetten, liegen in Reichweite von Strand und Meer.

Touren in der Region

Tour 10 Delta mit Vergangenheit

Tour-Übersicht:

Verlauf: **Bergen op Zoom › Vlissingen › Middelburg › Zierikzee › Dordrecht**

Dauer: 2 Tage (ca. 220 km); auch als Fahrradtour in 3–4 Tagen machbar.

Praktische Hinweise:

- Die Inseln sind über Straßen und Brücken miteinander verbunden, es gibt aber auch Fähren für Fußgänger und Radfahrer › **Exkurs S. 79.**
- Wochenmärkte in Middelburg und Zierikzee jeweils Donnerstagvormittag; die Senffabrik in Zierikzee ist im Juli/August Di bis Sa 13 bis 16 Uhr für Besucher geöffnet.

Tour-Start:

Das Mündungsdelta von Rhein, Maas und Schelde wurde durch den Menschen massiv verändert › **S. 81.** Eine Reise durch die Provinz Zeeland eröffnet spannende Einblicke in die Geschichte und Gegenwart an Ooster- und Westerschelde.

Bergen op Zoom › **S. 76** ist ein günstiger Startpunkt, weil hier als Alternative zum Auto auch Fahrräder oder Motorboote für die Erkundung der zeeländischen Inselwelt verliehen werden. Auf ruhigen Nebenstraßen erkundet man am ersten Tag das ländliche **Zeeuws Flanderen** › **S. 77,** bevor man auf die durch Eindeichen zusammengewachsenen Inseln Walcheren und Zuid-Beveland weiterfährt. Hier sprechen frische Meeresfrüchte und das Maritiem MuZEEum nachdrücklich für einen Stopp in **Vlissingen** › **S. 77.** Abends logiert man im schmucken ***Middelburg** › **S. 78,** dessen alte Gassen man am folgenden Morgen erkundet.

Windig und technisch spannend wird die Fahrt über das Flutwehr der Oosterschelde samt einem Stopp am Infozentrum auf der Insel **Neeltje Jans** › **S. 81,** bevor man im hübschen ***Zierikzee** › **S. 80** durch die Altstadt flaniert. Die lebhafte historische Stadt ***Dordrecht** › **S. 82** an der Maas ist der Endpunkt der Tour. Dordrecht bietet sich dank guter Nahverkehrs-Anbindung als Standort für einige Tage an, um Rotterdam und seine Umgebung ohne Verkehrsstau und Parkplatzstress zu erkunden.

Ziehbrücke in Dordrecht

0
20 km
N
NORDSEE
Zandvoort
26
Keukenhof
25 Noordwijk
Sassenheim
24 Katwijk
Rijnsburg
11
23
Wassenaar
A44
Leidschen-
dam
Scheveningen
22
N44
A4
Den Haag
21
Voor-
burg
Zoeter-
meer
Rijswijk
Delft
20
Pijnack
Naaldwijk
11
Hoek v. Holland
N213
N15
Maassluis
A20
Brielle
Vlaardingen
Schiedam
A15
N57
Spijkenisse
Oude
Haringvliet
Oud-Beijerland
Brouwers-
dam
N57
A29
Middelharnis
Renesse
12 Brouwers-
haven
Schouwen
Overflakkee
Haam-
stede
10
11 Dreischor
N59
N59
Willems
10
Duiveland
Philipsdam
Ooster-
scheldedam
Neeltje
Jans
13
Zierikzee
10
Bruinisse
A59
Fijnaart
Zeelandbrug
Schelde-Rijnk
N259
A17
Wissenkerke
Colijnsplaat
Stave-
nisse
Domburg 7
Noord-Beveland
Kamperland
Tholen
Steen-
bergen
Serooskerke
Veere 8
Oosterschelde
Scherpenisse
Roosendaal
West-
kapelle
Walcheren
N256
Zuid-
Tholen
Middelburg
Goes
9 Kapelle
1
6
10
A58
Yerseke
A58
Zoutelande
Beveland
Bergen
op Zoom
10
Vlissingen
5
Borssele
Zeeland
Kruiningen
Perkpolder
Westerschelde
A4
Breskens
N61
N60
Oostburg
4
Sluis
IJzendijke
Terneuzen
Stabroek
N61
3
Aardenburg
BELGIEN
Zeeuws-
Vlaanderen
Hulst
2
Axel
Maldegem

Tour 11 Alte Handelsstädte mit jungem Schwung

Tour-Übersicht:

Verlauf: Delft › Den Haag › Leiden › Haarlem

Dauer: 3 Tage (ca. 60 km)

Praktische Hinweise:

- Zwischen den Städten verkehren Busse und Züge im Stundentakt.
- Montags sind viele Museen zu. Orgelkonzerte in der Grote Kerk von Haarlem Mai–Okt. Di 20.15 Uhr.

Tour-Start:

Alte Meister, traditionelles Kunsthandwerk, schmucke Altstädte und originelle Geschäftsideen am Wegesrand machen eine Tour durch die südholländischen Städte zum Erlebnis. Am Anfang steht **Delft** › S. 87, die Stadt der feinen Fayencen, mit ihren charmanten Grachten, auf denen im Sommer die Seerosen blühen. Der Stadtbummel

Touren an der südlichen Badeküste

Tour 10
Delta mit Vergangenheit
Bergen op Zoom › Vlissingen › Middelburg › Zierikzee › Dordrecht

Tour 11
Alte Handelsstädte mit jungem Schwung
Delft › Den Haag › Leiden › Haarlem

führt auch in eine Porzellanmanufaktur, bevor man nur 15 km weiterreist: nach ***Den Haag** › **S. 88**. Die königliche Residenzstadt ist auch Regierungssitz mit Palästen und musealen Schätzen, Nobelhotels und prächtigen Parks. Wer abends Karten für eine Vorstellung des weltberühmten Nederlands Dans Theater ergattern kann, sollte diese Gelegenheit unbedingt nutzen.

Der zweite Reisetag beginnt mit einem Bummel über den repräsentativen Binnenhof und einem Besuch der Gemäldesammlung im Museum Mauritshuis. Anschließend erreicht man in einer knappen Stunde die Universitätsstadt ****Leiden** › **S. 90**. Eine abendliche Grachtenfahrt bietet originelle Einblicke in diese alte, junge Stadt, bevor man sich am Beestenmarkt eine Lieblingskneipe aussucht. ****Haarlem** › **S. 95**, die Stadt der Künste, prägt den dritten Reisetag: mit grandiosen mittelalterlichen Bauten, der großartigen Ausstellung im Frans-Hals-Museum und vielleicht einem Orgelkonzert in der Grote Kerk.

Tour 12 Zwischen Dünen und Deichen

Tour-Übersicht:

Verlauf: **Amsterdam › Marken › *Volendam › Edam › Hoorn › Enkhuizen › Afsluitdijk › Alkmaar › Zaanse Schans › Amsterdam**

Dauer: 5 Tage (ca. 150 km); wer in Amsterdam früh am Morgen losfährt und den Kaasmarkt in Edam noch am selben Tag besucht, kann die Tour um einen Tag verkürzen. Einen weiteren Tag kürzer wird die Route, wenn man die Dampfzug-Schiff-Fahrt auslässt und stattdessen mit dem Auto von Hoorn nach Enkhuizen ins Zuiderzee-Museum fährt und noch am selben Tag weiter nach Alkmaar reist.

Praktische Hinweise:

- Für diese Tour sollte man ein Auto zur Verfügung haben.
- Kaasmarkt in Edam im Sommer (Ende Juni bis Mitte Aug.) mittwochs 10.30–12.30 Uhr, in Alkmaar April–Sept. freitags 10 bis 12.30 Uhr.
- Der Ausflug per Dampfzug und Schiff von Hoorn über Medemblik nach Enkhuizen ist von April bis Okt. möglich; der Zug startet um 11 (an ausgewählten Sommertagen zusätzlich um 10) Uhr in Hoorn und kommt um 12.25 Uhr (bzw. 11.20 Uhr) in Medemblik an, wo eine Stunde später das Schiff nach Enkhuizen ablegt (90 Min. Fahrzeit); Info unter www.museumstoomtram.nl.

Tour-Start:

Holland von seiner traditionell-fotogenen Seite lernt man auf dieser Rundfahrt durch die Landidylle zwischen IJsselmeer und Nordseeküste kennen.

Über die N 247 und N 518 erreicht man von *****Amsterdam** › **S. 38** aus die über einen Deich mit dem Festland verbundene Insel ****Marken** › **S. 104**: Hier und im

Städtchen ***Volendam** › S. 104 scheint die Zeit stehen geblieben zu sein und man sieht noch häufig die schönen altholländischen Trachten. Weiter geht es nach ****Edam** › S. 103, wo man am nächsten Morgen den berühmten Käsemarkt erlebt. Nach dem Spektakel lässt man den Tag in den denkmalgeschützten Gassen von ****Hoorn** › S. 100 ausklingen, wo man u. a. in umgebauten Straßenbahnen übernachten kann.

Am nächsten Morgen genießen Nostalgiker eine Fahrt mit dem Dampfzug nach **Medemblik** › S. 102 und die anschließende Schiffsfahrt ins malerische ***Enkhuizen** › S. 102. Hier hat das berühmte Zuiderzeemuseum bis 17 Uhr geöffnet. Mit der Regionalbahn kommt man abends zurück nach Hoorn.

Am vierten Tag führt ein Abstecher zum **Afsluitdijk** der Zuiderzee › S. 100, einem wahren technischen Meisterwerk, bevor man ins charmante Seebad **Bergen** › S. 99 mit seinen gepflegten Villenvierteln aufbricht. Übernachten kann man entweder hier oder im mittelalterlichen ***Alkmaar** › S. 98. Nach einem Mor-

Tour an der nördlichen Badeküste

Tour 12

Zwischen Dünen und Deichen Amsterdam › Marken › Volendam › Edam › Hoorn › Enkhuizen › Afsluitdijk › Alkmaar › Zaanse Schans › Amsterdam

genspaziergang durch Alkmaar besucht man das Freilichtmuseum ***Zaanse Schans** › S. 48 mit seinen vielen kleinen Ausstellungen, bevor man am späten Nachmittag nach Amsterdam zurückkehrt.

Verkehrsmittel

Ein dichtes Straßennetz, schnelle, häufige und zuverlässige Verbindungen mit Bus und Bahn sowie vorbildlich angelegte Fahrradwege erschließen auf vorbildliche Weise die Region. Während der Sommermonate ist es schwierig, in den Städten einen Parkplatz zu ergattern, und Falschparker müssen mit empfindlichen Strafen rechnen! Daher sollte man besser außerhalb der Siedlungskerne parken und mit öffentlichen Verkehrsmitteln weiterfahren.

Wichtige Adressen

Promotie Zeeland Delta
- Schuitvlotstraat 32
- 4357 ZG Domburg
- Tel. 01 18/58 77 07
- www.vvvzeeland.nl

Zuid-Hollands Bureau voor Toerisme (ZHBT)
- Rotterdamseweg 402h
- 2629 HH Delft
- Tel. 0 15/2 51 23 30,
- Fax. 0 15/2 57 39 82
- www.zuid-holland.com

VVV Noord-Holland
- Waagplein 2
- 1811 JP Alkmaar
- Tel. 0 72/5 11 42 84
- www.halbinselholland.com

Unterwegs an Hollands Badeküste

Bergen op Zoom 1

Die Grenzstadt im Südwesten (48 000 Einw.) bietet sich als Standort für Erkundungen der Provinz Zeeland an. Der Stadtkern um die 1972 fast vollständig ausgebrannte und aufwendig rekonstruierte **Sint Gertrudiskerk** (Grote Markt, Di–Sa 13–16.30 Uhr) und das **Stadhuis** aus dem 15. Jh. ist vor allem an Donnerstagen ein Farbenmeer, wenn am Gedempte Haven der Wochenmarkt stattfindet (9–16 Uhr). Vom Kirchturm kann man bei gutem Wetter bis nach Antwerpen sehen.

Im **Gemeentemuseum Het Markiezenhof** sind prunkvolle Gemächer aus der Zeit der Bourbonenherrschaft erhalten. Außerdem findet sich hier eine Sammlung von Spottbildern aus drei Jahrhunderten sowie eine Kollektion religiöser Kunst aus Limburg (Steenbergsestraat 8, Di–So 11–17 Uhr, www.markiezenhof.nl).

Hotel

De Draak ●●

Im ältesten Hotel der Niederlande ist seit 1397 gediegene Gastlichkeit das oberste Gebot.

Erstklass

- Grote Markt 30 + 36–38
- 4611 NT Bergen op Zoom
- Tel. 01 64/25 20 50
- www.hoteldedraak.nl

Ausflug nach **Zeeuws Flanderen**

Das zeeländische Flandern südlich der Westerschelde ist eher flämisch als niederländisch geprägt. In **Hulst** 2, der Grenzstadt zu Belgien, ist die spätgotische Willibrorduskerk (Grote Markt, tgl. 9–16 Uhr) das auffälligste Bauwerk. Beachtung verdienen auch das Stadhuis (1534) und diverse Häuser mit Spitz- und Treppengiebeln (Steenstraat). Aus dem 16.–18. Jh. sind zudem drei Stadttore erhalten. Das seit der Antike besiedelte **Aardenburg** 3 mit den bemalten Sarkophagen in der St. Baafskerk (April–Okt. Di–So 14–16 Uhr) sowie das Festungsstädtchen **Sluis** 4 mit seinen sechs Bastionen machen das flache Land zu einem lohnenden Ausflugsziel. Hier, im einstigen Vorhafen von Brügge, stehen auch ein mittelalterlicher Belfort, der für flämische Städte so charakteristisch ist, sowie die Windmühle De Brak (Nieuwestraat 26, in der Saison tgl. 10–17 Uhr).

Zwischenstopp: **Restaurant**

La Trinité ●●●
Gourmets beklagen schon jetzt die Schließung des Dreisternerestaurants Oud Sluis von Sergio Herman im Dezember 2013, doch die Sterneküche von François de Potter bleibt Sluis gottlob erhalten.

- Groote Markt 18
- 4524 CD Sluis
- Tel. 01 17/46 20 40
- www.latrinite.nl
- Mi, Do geschl.; reservieren!

Im Reich des Deltaplans

Vlissingen 5

Der rege Schiffsverkehr in der Hafenstadt (44 000 Einw.) lässt sich vom 2 km langen Boulevard an der Westerschelde gut beobachten. An die maritime Vergangenheit der Region und an den hier geborenen berühmten Seefahrer Michiel Adrianszoon de Ruyter (1607–1676) erinnert das topmoderne **Zeeuws Maritiem MuZEEum** (Nieuwendijk 11, Mo–Fr 10–17, Sa/So 13–17 Uhr, www.muzeeum.nl).

Im Erlebnispark nebenan, **De Arsenaal**, vergnügen sich Kinder auf dem Gespensterschiff und im Schiffbruchsimulator (tgl. 10–19, Juni–Sept. bis 20 Uhr, www.arsenaal.com). Typisch für das Straßenbild der Stadt sind die »Blauen Jungs«, Kadetten der Marineschule des Landes.

Info

VVV

- Spuistraat 30
- 4381 ER Vlissingen
- Tel. 01 18/42 21 90
- www.vvvzeeland.nl

Hotel

Hotel Bed by the Sea ●●
Hier findet man Zimmer unterschiedlicher Kategorien in einem Jugendstil-Schmuckstück zwischen Einkaufsmeile und Strand.

- Spuistraat 59
- Tel. 01 18/41 16 11
- www.hotelbedbythesea.com

Slaapstrandhuisjes ●●

Erst-klassig

Bunte Holzhäuschen mit vier bis sechs Betten und komplett ausgestatteter Küche direkt am Strand, buchbar von Mai bis September.

- Burg. Van Woelderenlaan 1
- Tel. 01 18/47 03 86
- www.slaapstrandhuisje.nl/de

Zwischenstopp: Restaurant

De Vissershaven ●●

Fangfrische Köstlichkeiten, traditionell zubereitet und serviert mit Blick auf den alten Hafen.

- Bellamypark 2
- Tel. 01 18/41 21 32
- www.devissershaven.nl

*Middelburg 6

Im Mai 1940 legten deutsche Luftangriffe die mittelalterliche Handelsstadt auf der Insel Walcheren in Trümmer. Doch dank erfolgreicher Restaurierungsarbeiten trägt Middelburg (40 000 Einw.) das Prädikat Denkmalstadt. Zeugnisse der einst glorreichen Tage sind schöne Kaufmanns- und Patrizierhäuser am Londense-, Rouaanse- und Rotterdamsekaai, allen voran das **Stadhuis** am Markt, errichtet im bombastischen Stil der flämischen Gotik.

Den Kern der mittelalterlichen Siedlung bildete die große **Onze Lieve Vrouwe Abdij** mit dem 91 m hohen Turm Lange Jan. In einem Teil der Abtei ist heute das **Zeeuws Museum** untergebracht (Korte Burg 2, Di–So 11–17 Uhr, www.zeeuwsmuseum.nl).

Die wichtigsten Sehenswürdigkeiten der Region sind im Freilichtmuseum **Miniatuur Walcheren** am Molenwater im Maßstab 1:20 nachgebaut (Ende Juni–Anf. Sept. tgl. 10–20, sonst bis 19 Uhr; im Winter nur an bestimmten Tagen, www.minimundi.nl).

Vor dem Stadhuis von Middelburg

Info

Tourist Shop

- Markt 65 c
- 4331 LK Middelburg
- Tel. 01 18/67 43 00
- www.touristshop.nl

Hotel

De Nieuwe Doelen ●●

Einfaches Hotel mit viel Flair und schönem Garten, direkt am Kanal. Zimmer in drei verschiedenen Größen.

- Loskade 3–7
- Tel. 01 18/61 21 21
- www.hoteldenieuwedoelen.nl

Zwischenstopp: Restaurants

De Eetkamer ●●
Feine klassische, französisch inspirierte Küche Zeelands in romantischem Ambiente.
- Wagenaarstraat 13
- Tel. 01 18/63 56 76
- www.eetkamermiddelburg.nl
- So, Mo geschl.

Peper en Zout ●●
Vorzügliche, saisonal wechselnde Regionalküche.
- Lange Noordstraat 8
- Tel. 01 18/62 70 58
- www.peperenzout.com
- Di, Mi geschl.

*Domburg und *Veere

Domburg 7 mit seinem markanten Wasserturm gilt als ältestes und schönstes Seebad Zeelands › **S. 90.**

Die malerische Festungsstadt **Veere** 8 erinnert an die rauen Zeiten, als immer wieder fremde Seefahrer die Schatztruhen der Handelsherren zu plündern versuchten. Die gotischen Schotse Huizen am Jachthafen wurden zum Museum umgebaut. Es zeigt historisches Mobiliar sowie Werke der kleinen Künstlerkolonie, die hier zu Anfang des 20. Jhs. ansässig war (Kaai 25–27, 23. März bis 31. Okt. tgl. 13–17 Uhr, www.schotsehuizen.nl). Sehenswert sind zudem das Stadhuis am Markt mit prachtvoller Statuettenfassade, 1470 im Stil der Brabanter Gotik errichtet, sowie die spätgotische Grote Kerk (Oudestraat 26, Juni bis Aug. tgl. 11–17 Uhr).

SEITENBLICK

Rondje Pontje

Zahlreiche alte Fährverbindungen zwischen den zeeländischen Inseln wurden in den vergangenen Jahren für touristische Zwecke reaktiviert. Seither können Fußgänger und Radfahrer mit den Schiffen der Rondje Pontje in der Urlaubssaison von Ufer zu Ufer übersetzen und so attraktive Streifzüge durch Zeeland unternehmen. Die Fahrpläne erhält man in allen lokalen Büros der VVV oder unter **www.rondjepontje.nl** (nur Niederländisch, Fahrzeiten lassen sich aber erschließen).

*Goes 9

Die Stadt (32 000 Einw.) unterstrich schon im 15. Jh. ihre Rolle als regionales Zentrum von Zuid-Beveland mit einem eindrucksvollen **Stadhuis** (am Markt), dessen Fassade später mit Elementen des Rokoko modernisiert wurde. In der turmlosen **Maria Magdalenakerk** (Singelstraat 9), im Stil der Brabanter Gotik errichtet, erklingt eine pompös mit vielen Vergoldungen geschmückte Orgel (Konzerte im Sommer).

Zwischenstopp: Restaurant

Karel V ●●
Sehr bekanntes Fischrestaurant mit fangfrischen regionalen Spezialitäten.
- Turfkade 11
- Tel. 01 15/25 15 55
- www.karelvijf.nl
- Di–So 17.30–21 Uhr, So Ruhetag

Shopping

Beste **Austern und Muscheln** kann man direkt bei den Züchtern in Yerseke,

Am alten Hafen von Zierikzee erhebt sich das Zuidhavenport (14. Jh.)

etwa 10 km östlich von Goes, kaufen.

Erst-klassig Am dritten Samstag im August ist Mosseldag, da gibt es die feinen Meeresfrüchte sogar gratis!

*Zierikzee 10

Der Hauptort der Insel Schouwen Duiveland profitierte im 15. und 16. Jh. vom Salz und der Färberpflanze Krapp, noch heute handelt man gerne vor der altertümlichen Kulisse. In Zierikzee stehen mehr als 600 Objekte unter Denkmalschutz, darunter die herrlichen **Patrizierhäuser** am Havenpark, am Havenplein und am Oude Haven.

Drei Tore blieben als Reste der Stadtbefestigung erhalten: das **Noordhavenpoort** mit schöner Fassade, das **Zuidhavenpoort** mit weißer Zugbrücke und das mit seinem Doppelturm etwas düster wirkende **Nobelpoort** aus dem 14. Jh. Stolz präsentiert sich das städtische **Rathaus** mit dem kleinen **Stadhuismuseum**. Die Sammlung würdigt Zierikzee als Zentrum des niederländischen Silberschmiedehandwerks im 18. Jh. (Di–Sa 11–17, So 13–17 Uhr, www.schouwen-duiveland.nl/museum). Als moderner Kontrast spannt sich seit 1965 die elegante Zeelandbrücke, mit 5 km die längste Brücke der Niederlande, südlich der Stadt über die Oosterschelde. Erstklassig

Info

VVV

- Nieuwe Haven 7
- 4301 DJ Zierikzee
- Tel. 09 00/2 02 02 33
- www.zeeland.nl

Hotel

Zierikzee ●●

Moderne, helle Einzel-, Doppel- und Familienzimmer in einem gediegenen Kaufmannshaus.

- Driekoningenlaan 7
- 4301 HK Zierikzee
- Tel. 01 11/41 23 23
- www.hotelzierikzee.nl

Zwischenstopp: **Restaurant**

Eetcafe Marktzicht ●●

Maritimes Dekor, sehr leckere Muscheln.

- Havenplein 12
- Tel. 01 11/41 51 95
- www.eetcafe-marktzicht.nl
- tgl. 10–21.30 Uhr.

Shopping

In der nostalgischen **Mosterdfabriekje de Hoge Molen** kann man in den Sommermonaten exotische Senfkreationen verkosten und außerdem bei ihrer Herstellung zusehen.

- Hem 15
- Tel. 01 11/41 53 91

Ausflug: Ländliche Idylle

Eine Zeitreise führt weg vom Strandtrubel in das gemütliche Dörfchen **Dreischor** 11 mit seiner gotischen Kirche; das Gotteshaus besitzt eine sehenswerte Grabkapelle. **Brouwershaven** 12 war einst der Stapelplatz für Rotterdam. Das elegante Raadhuis und die Nicolaaskerk im Stil der Brabanter Gotik erinnern an längst vergangenen Ruhm und Reichtum.

*Breda 14

Seit 1402 dokumentieren die Denkmäler in der ehemaligen Residenzstadt der Nassauer (178 000 Einw.) die wechselvolle Geschichte des Landes: Eindrucksvoll erhebt sich die im Stil der Brabanter Gotik errichtete **Onze-Lieve-Vrouwekerk** mit ihrem 97 m hohen, reich gegliederten Turm über das Häusermeer (Kerkplein 2, Mo–Sa 10–17, So 13–17 Uhr). Im Inneren sind prächtige Renaissance-Grabmäler der Grafen von Nassau erhalten.

Ein Spaziergang sollte auch am **Wasserschloss Bouvigne** sowie am **Stadhuis** (Grote Markt) vorbeifüh-

SEITENBLICK

**Delta Expo

Die Eindämmung des Flussdeltas von Maas und Schelde im Südwesten der Niederlande ist das großartigste Wasserbauprojekt, das in den Niederlanden je verwirklicht wurde. Auslöser für den Bau war die Sturmflut von 1953, die 1835 Todesopfer forderte. Weite Teile Zeelands standen damals unter Wasser.

Durch den Deltaplan wurde in 30 Jahren Bauzeit die Küstenlinie deutlich verkürzt und die Oosterschelde durch ein Sturmflutwehr mit 65 Pfeilerschleusen gesichert, die im Notfall die Bucht abriegeln. Durch den 50 m hohen »Pfeilerdamm« fließt stetig frisches Gezeitenwasser in die Schelde, wo nicht nur Austernbänke gedeihen, sondern auch Wassersportler ein weites Betätigungsfeld finden. Die Uferzonen sind bevorzugte Ruhe- und Nistplätze von Wasservögeln. Die gesamte Oosterschelde ist seit 2002 als Nationalpark geschützt.

Im Modell kann die Glanzleistung der Ingenieure in der Ausstellung ****Delta Expo** auf der Insel **Neeltje Jans** 13, einem Teil des Oosterscheldedams, besichtigt werden.

- Faelweg 5
- Juli/Aug. tgl. 10–17.30, sonst bis 17 Uhr; im Winter eingeschränkt
- Tel. 01 11/65 56 55
- www.neeltjejans.nl

ren, hinter dessen schlichter Fassade (1767) sich drei nebeneinanderliegende Häuser verbergen. Durch diesen Kunstgriff ermöglichte der Baumeister der Prinzenfamilie die gemeinsame Nutzung der Gebäude. In der einstigen Fleischhalle zeigt **Breda's Museum** eine Sammlung zur Stadtgeschichte (Parade Chassépark 12–14, Di–So 11.30–17, Do bis 22 Uhr, www.breda-museum.nl).

Eltern sollten ausreichend Geld und Zeit für den Besuch des nahen Freizeitparks **De Efteling** mit seinem Märchen-Elfen-Abenteuerangebot einplanen › **S. 18**.

Info

VVV
- Willemstraat 17
- 4811 AJ Breda
- Tel. 09 00/5 22 24 44
- www.vvvbreda.nl

Hotel

Stadshotel De Klok ●●
Familiär geführtes Mittelklassehotel, viele Zimmer mit Blick auf den Markt und Restaurant im Kolonialstil.
- Grote Markt 26
- Tel. 0 76/5 21 40 82
- www.hotel-de-klok.nl

Zwischenstopp: Restaurants

Wolfslaar ●●–●●●
Michelinbesterntes Gourmetrestaurant in einem alten Kutschhaus mit raffinierter Küche, darunter Muscheln in Safran-Bouillabaisse. Gute Weinkarte.
- Wolfslaardreef 100–102
- Tel. 0 76/5 60 80 00
- www.wolfslaar.com
- Sa mittag und So geschl.

De Boulevard ●
Familienfreundliches Eetcafé, abends gelegentlich Livemusik.
- Grote Markt 8
- Tel. 0 76/5 14 63 99
- Di–So 17–22 Uhr.

*Dordrecht 15

Die 1220 erstmals erwähnte, einst reiche und bedeutende Handelsstadt (118 000 Einw.) verlor ihre glänzende wirtschaftliche Position, als ihr im 18. Jh. Antwerpen und Rotterdam den Rang abliefen. Im Zentrum, wo Merwede, Noord und Oude Maas zusammentreffen, liegt einer der schönsten ***Flusskais** des Landes, den besten Blick darauf bietet der Groothoofdspoort.

Giebelhäuser, schmucke Hofjes und die **Lieve Vrouwekerk** (Lange Geldersekade 2) prägen den Ort. Das liebevoll gestaltete **Simon-van-Gijn-Museum** zeigt Dokumente zur Stadtgeschichte, kunstgewerbliche Exponate und historisches Spielzeug (Nieuwe Haven 29–30, Di bis So 11–17 Uhr, www.simonvangijn.nl).

Der nahe Naturpark Hollandse Biesbosch ist ein wertvoller Lebensraum für unzählige Vogelarten und das Trinkwasserreservoir für Rotterdam. Im Infozentrum (Baanhoekweg 53) kann man u. a. Fahrräder und Kanus leihen.

Erst klas

Info

VVV
- Spuiboulevard 99
- 3311 GN Dordrecht
- Tel. 09 00/ 4 63 68 88
- www.vvvzhz.nl

Hotel

Villa Augustus ●●
Originelles neues Hotel im alten Wasserturm und im benachbarten Künstlertreff De Groothoofd mit idyllischem Gemüsegarten und viel gelobtem Restaurant.
- Oranjelaan 7
- Tel. 078/6 39 31 11
- www.villa-augustus.nl

Zwischenstopp: Restaurant

Knollen & Citroenen ●●
Köstliche altflämische und altniederländische Gerichte, freundlich serviert in einer nostalgischen Wirtsstube aus dem 17. Jh.
- Groenmarkt 8
- Tel. 0 78/6 14 05 00
- www.knollen-citroenen.nl
- Mo/Di Ruhetag.

Ausflug nach
Gorinchem 16

Am alten Lingehafen zeigt sich das 27 km nordöstlich von Dordrecht gelegene Handelsstädtchen von seiner schönsten Seite: Die Wallmühlen auf der Bastion, der 62 m hohe Sint Janstoren mit dem originellen Knick und die Renaissancefassaden verführen nicht nur Freizeitkapitäne zu einem Landgang.

**Rotterdam 17

Die Metropole an der Maas bietet nicht nur den größten Tiefseehafen Europas, die spektakulärsten Hochhäuser der Niederlande und eine bunte Bevölkerung von 1,2 Mio. Menschen, sondern auch eine Fülle an Sehenswürdigkeiten. Die zweitgrößte Stadt der Niederlande strahlt mehr Urbanität und Internationalität aus als Amsterdam und ist der Prototyp einer modernen europäischen Nachkriegsstadt. Alte Bausubstanz findet man nur im malerischen Viertel ***Delfshaven.**

1238 erstmals erwähnt, erhielt Rotterdam im Jahr 1340 die Stadtrechte. Der Hafen entwickelte sich im 17. Jh. durch die florierende Tuchindustrie, für einen weiteren Schub sorgte die Industrialisierung im 19. Jh. Am 14. Mai 1940 zerstörten deutsche Bomben bei einem Luftangriff den Hafen und das Stadtzentrum fast vollständig, der Wiederaufbau dauerte Jahrzehnte.

Der etwa 100 km^2 umfassende Hafen ist einer der größten der Welt; eine Hafenrundfahrt mit Blick auf die Skyline am Maasboulevard gehört zum Pflichtprogramm eines Rotterdam-Besuchs. Erst-! klassig

Im Stadtzentrum weisen Wolkenkratzer den Weg: Am Bahnhof steht neben dem Hochhaus Delftse Poort (Weena 505) mit seinen beiden 151 m hohen Türmen das rekonstruierte ****Café de l'Unie** (Mauritsweg 34) als Musterbeispiel der De-Stijl-Architektur, die auch die deutsche Bauhaus-Bewegung inspiriert hatte.

Am ****Oude Haven** drängt sich ein einzigartiges Ensemble zeitgenössischer Architektur: Der avantgardistische ***Kijk-Kubus,** eines der in den 1980er-Jahren von Piet Blom entworfenen »Schachtelhäuser«, kann besichtigt werden (Overblaak

Rotterdams Maritiem-Museum Prins Hendrik finden Kinder interessant

70, März bis Dez. tgl. 11–17 Uhr; www.kubuswoning.nl).

Als erstes Hochhaus in Europa entstand 1898 das nahe gelegene **Witte Huis** in reinem Jugendstil. Das exzentrische ***Maritiem-Museum Prins Hendrik** wurde nach Entwürfen des Niederländers Wim G. Quist (geb. 1930) in Form eines diagonal halbierten Quaders erbaut. Zu besichtigen sind 20 Schiffe aus der Zeit von 1850 bis 1950 (Leuvehaven 1, Di–Sa 10–17, So 11–17, Hochsommer auch Mo 10–17 Uhr, www.mmph.nl).

Kunst in großer Vielfalt lockt in den Museumpark. Das ***Museum Boijmans van Beuningen** zeigt Gemälde der altniederländischen Meister Hieronymus Bosch und Pieter Breughel d.Ä. sowie berühmter Impressionisten und Surrealisten (Museumpark 18–20, Di–So 11–17 Uhr, www.boijmans.nl). Die **Kunsthal**, ein Frühwerk von Rem Koolhaas, bietet Ausstellungen von Weltrang und ein Café mit schönem Blick auf den Park (Westzeedijk 341, Di–Sa 10–17, So 11–17 Uhr, www.kunsthal.nl).

Weithin sichtbar erhebt sich seit 1960 der Aussichtsturm **Euromast** im Rotterdamer Park. Von der Plattform in 185 m Höhe reicht der *Panoramablick bei gutem Wetter bis zur Maasmündung (Parkhaven 20, April–Sept. tgl. 9.30–23, sonst 10–23 Uhr, www.euromast.nl).

Erstklas

Nicht weit vom Park finden große und kleine Entdecker im **Wereldmuseum** spannende völkerkundliche Exponate (Willemskade 25, Di–So 10.30–17.30 Uhr).

Der **Kop van Zuid**, der Kopf von Süd-Rotterdam, ist das neueste Betätigungsfeld innovativer Stadtplaner: Seit 1993 entsteht hier ein Viertel mit futuristischen Wolkenkratzern wie dem **Toren op Zuid**, dem **Montevideo** und dem **World Port Centre**. In der **Villa Zebra** werden kleine Besucher unter kundiger Anleitung zu Künstlern (Stieltjesstraat 21, Di–So 21–17 Uhr, www.

villazebra.nl). Die spektakuläre **Erasmusbrug,** eine Schrägseilbrücke mit 139 m hohem, strahlend weißem Pylon, verbindet den Kop van Zuid mit dem Stadtzentrum. Besonders schön ist ein abendlicher Spaziergang durch das Viertel, wenn die modernen Glaspaläste und die Erasmusbrug bunt erleuchtet sind.

Erst-! klassig

Info

VVV

- Coolsingel 5
- 3012 AA Rotterdam
- Tel. 0 10/7 90 01 85
- www.vvvrotterdam.nl

Verkehr

Hafenrundfahrten ab Anlegestelle Wilhelmsplein, u. a. mit

Spido Rondvaarten

- Tel. 0 10/ 2 75 99 89
- www.spido.nl

Hotels

H2OTEL ●●

Im alten Hafenbecken vertäutes, neues Pontonhotel im klassisch-maritimen Design, mit attraktiven Wochenendarrangements und spaßigen Picknickbooten für Hafenrundfahrten.

- Wijnhaven 20a
- Tel. 0 10/4 44 56 90
- www.h2otel.nl

Emma ●●

Modern eingerichtetes kleines Mittelklassehotel mit bewährt freundlicher Atmosphäre nicht weit vom Museum Boijmans.

- Nieuwe Binnenweg 6
- Tel. 0 10/4 36 55 33
- www.hotelemma.nl

Zwischenstopp: **Restaurants**

Parkheuvel ●●●

Erst-! klassig

Eigenwillig, selbstbewusst und unendlich kreativ hält Erik de Loo sein Gourmetrestaurant weiterhin in der nationalen Spitzenklasse.

- Heuvellaan 21
- Tel. 0 10/4 36 05 30
- www.parkheuvel.nl
- Mo–Fr 12–14.30, Mo–Sa 18.30–22 Uhr.

Old Dutch ●●

Gediegene Klassiker der holländischen Küche mit opulenten Portionen.

- Rochussenstraat 20
- Tel. 0 10/4 36 03 44
- Sa/So geschlossen.

Pannekoekenboot ●●

Lecker und dazu noch sehenswert ist die abendliche Mini-Kreuzfahrt (20 Uhr) auf der Maas mit Pfannkuchenbuffet.

- Parkhaven
- Tel. 0 10/4 36 72 95
- www.pannekoekenboot.nl

Shopping

Eine Fundgrube für Fashionistas und Funshopper ist das historische Lagerhaus **Westelijk Handelsterrein** mit mehr als 40 angesagten Geschäften und Lokalen.

- Van Vollenhovenstr. 15

Nachtleben

Glitzernde Kostüme und lateinamerikanische Rhythmen ziehen am letzten Juliwochenende beim Sommerkarneval der karibischen und südamerikanischen Gemeinden fast eine Million Besucher in ihren Bann.

Erst-! klassig

- www.zomercarnaval.nl

› Karte S. 72

Auf den Bühnen der Konzerthalle **AHOY** standen schon alle Weltstars. Fast jeden Abend finden Konzerte, Ausstellungen und Events statt.

- Ahoyweg 10
- Tel. 0 10/29 33 00
- Reservierung: 09 00/2 35 24 69
- www.ahoy.nl

4 Ausflug nach ***Kinderdijk 18

Zu den typischsten Sehenswürdigkeiten der Niederlande gehören die 19 aufgereihten Windmühlen 17 km südöstlich von Rotterdam. Dieser um 1740 erbaute größte Mühlenkomplex der Welt, ein UNESCO-Weltkulturerbe, sorgte früher für die Trockenlegung der umliegenden Polder. Die Mühlen sind im Originalzustand erhalten, eine von ihnen, die Nederwaard Molen, steht Besuchern offen (April–Okt. tgl. 9.30–17.30, sonst Sa/So 11 bis 16 Uhr, Tel. 0 78/6 91 23 26, www.kinderdijk.nl; Eintritt frei). Zudem ist Kinderdijk ein Naturschutzgebiet, das man per Rad oder Boot erkunden kann.

Das Rathaus in Gouda

**Gouda 19

Als dritte Käsestadt neben Alkmaar und Edam lockt auch Gouda (71 000 Einw.) mit einem touristisch geprägten **Kaasmarkt** (im Sommer jeweils Do Vormittag) vor der **Stadswaag**, die ein elegantes Beispiel niederländischer Renaissance ist. Am Marktplatz steht das gotische **Stadhuis** mit seiner feingliedrigen Fassade, und an sonnigen Tagen leuchten in der **St. Janskerk** filigrane Glasfenster mit weltlichen und religiösen Motiven. Sie haben den Bildersturm von 1566 überstanden (Achter de Kerk 16, März bis Okt. Mo–Sa 9–17, sonst 10 bis 16 Uhr, www.sintjan.com).

Erstklass

Das **Kaasmuseum** in der Stadtwaage dokumentiert die Entwicklung Goudas im Zeichen der gelben Käseräder (Markt 35–36, April–Okt. Di–So 13–17, Do 10–17 Uhr), während im prächtigen Kaufmannshaus De Mondriaan das **Nationaal Farmaceutisch Museum** zur Geschichte der Apotheken untergebracht ist (Westhaven 29, Mi–So 12–17 Uhr, www.museumgouda.nl).

Info

VVV

- Markt 27
- 2801 JJ Gouda
- Tel. 09 00/46 83 28 88
- www.vvvgouda.nl

Hotel

Keizerskroon ●●
Familienhotel mit zwei Preiskategorien, die Budgetzimmer haben kein eigenes Bad. Reichhaltiges Frühstück.

- Keizersstraat 11–13
- Tel. 01 82/52 80 96
- www.hotelkeizerskroon.nl

Shopping

Käsespezialitäten und viele andere nahrhafte Souvenirs bietet
Lekker Gouds

- Hoogstraat 1
- www.lekker-gouds.nl

5 **Delft 20

Als Residenzstadt des Hauses Oranien war das 1246 mit Stadtrechten ausgestattete Delft (99 000 Einw.) seit dem 16. Jh. ein Treffpunkt für Künstler, Händler und Adelige. »Delfter Blau« gilt als klassisches Porzellandesign aus den Niederlanden. Das Herz der »Stadt der Fayencen« schlägt zwischen dem Marktplatz und der Gracht Oude Delft. Giebelhäuser und historische Hofjes gruppieren sich um ehrwürdige Kirchen und nicht zuletzt den Prinsenhof, die Residenz der Oranier.

Im Chor der ***Nieuwe Kerk** mit ihrem 109 m hohen Turm beeindruckt das monumentale **Renaissancegrabmal von Willem von Oranien. Die Gruft mit den Gräbern des Königshauses ist nicht zugänglich, doch vom Turm erklingt ein schönes Carillion der Amsterdamer Glockengießerfamilie Hemony (April–Sept. Mo–Sa 9–18, sonst Mo–Fr 11–16, Sa 10–17 Uhr, Turm April–Okt. Mo–Sa 9–17, sonst Mo–Fr 11–15, Sa 10–16, Feb./März Mo–Sa 10–17 Uhr).

Im prachtvollen Gebäude der St.-Lukas-Gilde erläutert das **Vermeercentrum,** wie der berühmte Maler des »Mädchens mit dem Perlenohrring« auf unnachahmliche Weise Licht, Komposition und Farben kombinierte (Voldersgracht 21, Tel. 0 15/2 13 85 88, www.vermeerdelft.nl, tgl. 10 bis 17 Uhr).

Das ***Stadhuis** im Stil der Renaissance wurde nach Plänen von Hendrik de Keyser errichtet, wobei er den gotischen Turm in gekonnter Manier integrierte.

Die ***Oude Kerk,** älteste Pfarrkirche der Stadt (um 1250), dominiert die Straßenzüge an der ****Oude Gracht.** Ihr schiefer, 75 m hoher Turm, der Oude Jan, gilt als Wahrzeichen von Delft (gleiche Öffnungszeiten wie Nieuwe Kerk).

Der ***Prinsenhof,** um 1400 als Kloster St. Agatha erbaut, war im Freiheitskampf unter Willem von Oranien das Zentrum des Widerstands gegen die Spanier.

Info

Toeristen Informatiepunt Delft

- Kerkstraat 3
- 2611 GX Delft
- Tel. 0 15/2 15 40 51
- www.delft.nl

Idyllisch wirken die Häuser an den langen, schmalen Grachten in Delft

Hotels

Best Western Museumhotels ●●●
Nobelhotel in zwölf alten Pack- und Handelshäusern aus dem 17. Jh.

- Oude Delft 189
- Tel. 0 15/2 15 30 70
- www.museumhotels.nl

Leeuwenbrug ●●
Malerisches Haus mit individuell geschnittenen Zimmern an einer der zentralen Grachten.

- Koornmarkt 16
- Tel. 0 15/2 14 77 41
- www.leeuwenbrug.nl

Zwischenstopp: **Restaurant**

De »V« ●
Holländische Küche mit günstigen Menüs, gemütliche Pontonterrasse, gemischtes Publikum.

- Voorstraat 9
- Tel. 0 15/2 14 09 16

Shopping

In der **Koninklijke Porceleyne Fles** lassen sich Keramikmaler bei ihrer kunstvollen Arbeit über die Schulter schauen.

- Rotterdamseweg 196
- Tel. 0 15/2 51 20 30
- www.royaldelft.nl
- April–Okt. tgl. 9–17, sonst Mo–Sa 9–17 Uhr, auch deutsche Führungen

Erst-klassi

*Den Haag 21

Die Provinzhauptstadt Zuid-Hollands (505 000 Einw.) ist Sitz der niederländischen Regierung und des Internationalen Gerichtshofs. König Willem-Alexander hat hier seinen Arbeits- und Wohnpalast. Drastisch ist der Kontrast zwischen alter Bausubstanz und Bürohochhäusern, zwischen Renaissance und Postmoderne.

Im Ridderzaal des mittelalterlichen **Binnenhofs** (Führungen Mo–Sa 10–16 Uhr) eröffnet die Königin am ersten Dienstag im September die Sitzungsperiode des Parlaments. Die königliche Gemäldegalerie ****Mauritshuis**, eines der renommiertesten Museen des Landes, ging aus Sammlungen des Hauses Oranien hervor und besitzt ca. 800 Gemälde, u. a. von Hals, Holbein, Rubens, Rembrandt und Vermeer (Korte Vijverberg 8, derzeit geschl., Hauptwerke bis Mitte 2014 im Gemeentemuseum).

Im ***Haagse Gemeentemuseum** überwiegt moderne Malerei. Mit 50 Werken besitzt es die weltweit größte Piet-Mondriaan-Sammlung (Stadhouderslaan 41, Di–So 11–17 Uhr, www.gemeentemuseum.nl).

Erst-! klassig

Eines der schönsten Rundbilder der Welt birgt das 14 m hohe und 120 m lange **Panorama Mesdag** mit seiner Ansicht des Fischerdorfes Scheveningen im Jahr 1881 (Zeestraat 65, Mo–Sa 10–17, So 12–17 Uhr, www.panoramamesdag.com).

Alle Altersstufen begeistert die Miniaturstadt **Madurodam** › S. 19.

Info

VVV

- Spui 68
- 2511 BT Den Haag
- Tel. 0 70/3 61 83 60
- www.denhaag.com

Hotel

Petit ●●

- Groot Hertoginnelaan 42
- Tel. 0 70/3 46 55 00
- www.hotelpetit.nl

Zwischenstopp: Restaurants

Saur ●●

Seit 1928 Topadresse der Stadt für Meeresspezialitäten.

- Lange Voorhout 51
- Tel. 0 70/3 61 70 70

't Goude Hooft ●●

Speisen auf der Terrasse der ältesten Herberge der Stadt; ideal auch für die nachmittägliche Kaffeepause.

- Dagelijkse Groenmarkt 13
- Tel. 0 70/3 46 97 13

Nachtleben

Das **Nederlands Dans Theater** umfasst drei erstklassige Ensembles, die Werke weltbekannter Choreografen darbieten.

- Schedeldoekshaven 60
- Tel. 0 70/8 80 01 00
- www.ndt.nl

Im Jan./Febr. 2014 findet das **Holland Dance Festival** statt › S. 34.

*Scheveningen 22

Im renommiertesten Strandbad der holländischen Nordseeküste flaniert auch die gehobene Gesellschaft Den Haags auf der imposanten Landungsbrücke, am Strand mischen sich nonchalant alle Besucherschichten. Besonders entspannt ist die etwa 20-minütige Anreise mit der Straßenbahn von Delft (Linie 1) oder Den Haag (Linie 11).

Erst-! klassig

Mittelpunkt des Ortes ist das ***Kurhaus** am Gevers Deynootplein, ein um 1900 erbauter imposanter Jugendstilpalast mit sehenswertem Interieur, der als Luxushotel genutzt wird. Einen Besuch verdienen das Museum **Beelden aan Zee** mit seiner Skulpturensammlung (Harteveldstraat 1, Di–So 10–17 Uhr, Tel. 0 70/3 58 58 57, www.beeldenaanzee.nl) sowie das interaktive **MuZEE Scheveningen:** Schwerpunkt der stadtgeschichtlichen Sammlung ist die

› Karte S. 72/91

Schifffahrt (Neptunusstraat 92, Di–Sa 10–17, So 12–17 Uhr, Tel. 0 70/3 50 08 30, www.muzee.nl).

Info

VVV

- Strandweg
- 2586 BX Scheveningen
- Tel. 09 00/3 40 35 05
- www.scheveningen.nl

Hotel

Kurhaus Steigenberger ●●●

Mondäne Topadresse und Luxus pur seit 1885 – das Flair alter Grandhotels mischt sich in diesem Haus mit modernstem Komfort. Natürlich darf ein stilvolles Spielkasino nicht fehlen.

- Gevers Deynootplein 30
- Tel. 0 70/4 16 26 36
- www.kurhaus.nl

Zwischenstopp: Restaurant

Kleyn Seinpost ●●

Originelle und sättigende Pfannkuchenvariationen auf großer Terrasse mit Meerblick.

- Deltaplein 600
- Kijkduin
- Tel. 0 70/36 81 38

Erst-! klassig

Nostalgische Strandbäder

- **Domburg,** das traditionsreiche, lebhafte Seebad in Zeeland, war früher wegen des besonderen Lichts als Sommerfrische bei Künstlern beliebt, heute genießen viele Familien Sand, Sonne und Pfannkuchen. › S. 79
- Mondän und international gibt sich **Scheveningen,** das Seebad mit dem königlichen Kurhaus und der beeindruckenden Landungsbrücke vor den Toren Den Haags. › S. 89
- Stilvoll kann man auf dem Koningin Wilhelmina Boulevard in **Noordwijk** flanieren, für den 13 km langen Strandmarsch braucht man etwas mehr Kondition. › S. 95
- Deutsche Badegäste lieben **Zandvoort,** das nicht nur einen schönen Strand, sondern auch ein turbulentes Nachtleben bietet. › S. 98
- Beschaulich ruhig kann man in **Egmond aan Zee** Strandburgen bauen, in den Dünen wandern und die Nordseeluft genießen. › S. 99

**Leiden 23

Die lebhafte Universitätsstadt (120 000 Einw.) schmückt sich mit dem guten Ruf ihrer Institute ebenso wie mit prachtvoller Bausubstanz und humanistischer Tradition. 1266 erhielt Leiden die Stadtrechte, wurde 1575 von Willem von Oranien im Kampf gegen die spanische Besatzung erfolgreich unterstützt und entwickelte sich danach prächtig, wovon noch heute die noblen Wohnquartiere mit ihren Hofjes, die Zunfthäuser und die Kirchen künden. Aus Leiden stammten die Maler Lucas van Leyden, Jan Steen und Rembrandt van Rijn, hier lehrte u. a. der Philosoph René Descartes. Ex-Königin Beatrix und König Willem-Alexander erhielten wie viele andere Bildungsbürger der Niederlande in Leiden ihren akademischen Schliff.

Wichtigste Sehenswürdigkeit ist das **Stedelijk Museum** Ⓐ in der Lakenhal, der Tuchhalle aus dem

17. Jh., wo u. a. Gemälde zur Stadthistorie und eine kostbare kunsthandwerkliche Sammlung zu sehen sind (Di–Fr 10–17, Sa/So 12–17 Uhr, www.lakenhal.nl).

In der historischen Getreidemühle De Valk (1743) zeigt das **Stedelijk Molenmuseum** B, wie Windmühlen konstruiert sind, und informiert über die diversen Mühlentypen (Tweede Binnenvestgracht 1, Di–Sa 10–17 Uhr, So 13–17 Uhr, http://molendevalk.leiden.nl).

Die ***Waag** C am Aalmarkt ist ein schöner Renaissancebau niederländischer Prägung, die **Burcht** D (Burgsteeg 14), das älteste Gebäude der Stadt, lag ursprünglich auf einer Rheininsel. Die Ringmauer der Verteidigungsanlage wurde bereits im Jahr 1150 errichtet.

An der **St. Pieterskerk** E erinnert eine Inschrift an die Pilgerväter, die 1608 im toleranten Leiden Zuflucht fanden. Viele wanderten schließlich 1620 nach Nordamerika aus (Kloksteeg 16, Mo–So 13.30–16 Uhr). Das **Leiden American Pilgrim Museum** F bei der Hooglandse Kerk dokumentiert diese Geschehnisse (Mi–So 12–16 Uhr, www.leidenamericanpilgrimmuseum.org).

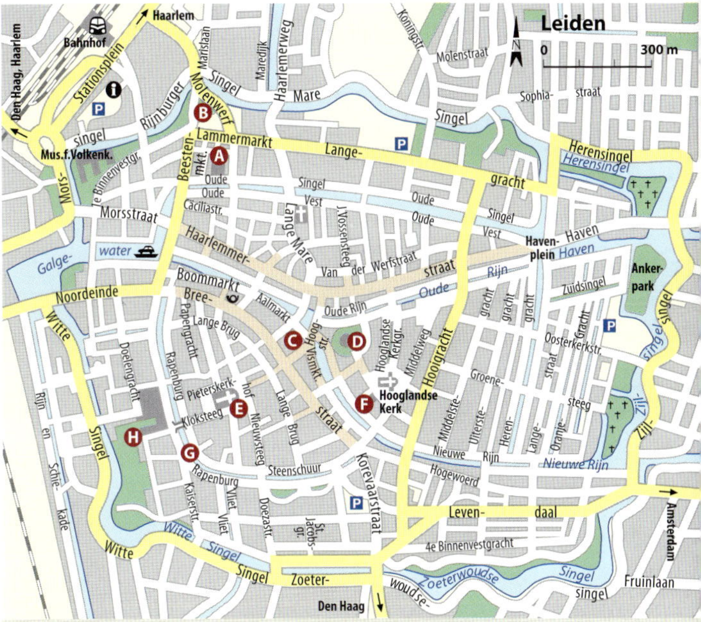

A Stedelijk Museum
B Stedelijk Molenmuseum
C Waag
D Burcht
E St. Pieterskerk
F Leiden American Pilgrim Museum
G Rapenburg
H Hortus Botanicus

Leiden lohnt einen Stadtbummel

An der Gracht ****Rapenburg** **G** hat bereits seit dem 17. Jh. der Geldadel seine Wohnsitze. Die prächtigen Fassaden der Universität und der Gebäude an der Westseite, wie des Sieboldhuis (Rapenburg 19, Di–So 10–17 Uhr, www.sieboldhuis.org), spiegeln den Wohlstand und Bürgerstolz ihrer Bauherren wider.

Der **Hortus Botanicus** **H** gilt als ältester botanischer Garten weltweit. Der Arzt Charles de l'Ecluse, besser bekannt als Carolus Clusius, gestaltete ihn 1590 als Apothekergarten (April–Okt. tgl. 10–18, Nov.–März Di–So 10–16 Uhr, www.hortus.leidenuniv.nl).

Erst-! klassig

Info

VVV Leiden

- Stationsweg 41
- 2312 AT Leiden
- Tel. 0 71/5 16 60 00
- www.vvvleiden.nl

Verkehr

Rederij Rembrandt

Grachtenrundfahrten März–Okt. tgl. um 11, 12, 13.30, 14.45 und 16 Uhr.

- Beestenmarkt
- Tel. 0 71/5 13 49 38
- www.rederij-rembrandt.nl

Hotel

De Doelen ●●

Hübsches klassisches Haus nahe der Pieterskerk mit Standard- und Deluxe-Zimmern sowie vielen Treppen.

- Rapenburg 2
- Tel. 0 71/5 12 05 27
- www.dedoelen.com

Zwischenstopp: **Restaurant**

Brasserie Annie's Verjaardag ●

Urgemütlicher Ponton auf dem Wasser mit studentischem Publikum. Holländische Klassiker, aber auch Mediterranes.

- Hoogstr. 1 a
- Tel. 0 71/5 12 57 37

SPECIAL

Tulpenträume und Blütenpracht

Was wären die Niederlande ohne Frühlingsblumen, vor allem ohne Tulpen? Die Pflanzen aus der Türkei, die der Botaniker Carolus Clusius 1593 erstmals in niederländischen Sandboden gesetzt hatte, lösten im 17. Jh. eine »Tulpomanie« in halb Europa aus. Spekulationen mit den exotischen Blumenzwiebeln brachten unter anderen den großen Maler Rembrandt um einen Großteil seines Vermögens. Heute sind die vielfarbigen Blüten und ihre Zwiebelknollen ein weltweiter Exporterfolg.

Immer wieder Keukenhof

Er ist der Klassiker im niederländischen Frühjahrstourismus: der Keukenhof bei Lisse. Seit mehr als 60 Jahren präsentieren die niederländischen Blumenzüchter in diesem riesigen Schaugarten ihre prächtigsten Pflanzen und aktuelle Trendsorten. Rund sieben Millionen Blumenzwiebeln – vor allem Tulpen, Narzissen, Hyazinthen, Iris, Lilien und Gladiolen – werden jedes Jahr von Hand gepflanzt und entfalten sich sukzessive zu einem Meer aus Farben. Zusätzlich zur meistfotografierten Augenweide des Landes bieten die Gartenexperten eine Fülle an Tipps und guten Ideen für die Gestaltung von Beeten, Gewächshäusern und Themengärten, während sich Kinder im Irr- und Skulpturengarten sowie auf einer großen Spielwiese austoben können › S. 95.

Adel verpflichtet

Eine perfekt arrangierte Blütenpracht verbirgt sich nicht selten hinter hohen Mauern. Im **Kasteel De Haar** bei Utrecht beispielsweise steht das neugotische Schloss malerisch zwischen einem römischen, einem französischen und einem Rosengarten inmitten eines wildromantischen Landschaftsparks (Kastellaan 1, 3455 RR Haarzuilens, Tel. 0 30/ 6 77 85 15, Sommer tgl. 12–16 Uhr, sonst kürzer).

Klassische Barockgärten findet man dagegen im **Paleis Het Loo** bei Apeldoorn › S. 115 sowie am **Wasserschloss Weldam** bei Hengelo (Mai bis Anfang Sept. an ausgewählten Tagen geöffnet, Infos Tel. 05 47/35 12 80, www.kasteelwarmelo.nl/informationduits.html).

Der Adelssitz **Huis Doorn** bei Utrecht, wo der deutsche Kaiser Wilhelm II. sein Exil verlebte, schmückt sich mit einem opulenten Rosarium › S. 123. Als schönster Blumenpark der Benelux-Länder wird der Schlosspark von **Arcen** › S. 134 mit seinen fantastischen Farb- und Formkombinationen gerühmt, zu dem auch ein asiatisch inspirierter Garten und ein Gewächshaus mit mediterranen Pflanzen gehören.

Auf www.niederlande.de finden Sie weitere Hinweise zu attraktiven grünen Oasen.

Blumenbeete on tour

Unbestrittener Höhepunkt der niederländischen Tulpensaison ist der Ende April. stattfindende **Bloemencorso Noordwijk–Haarlem.** Ungefähr eine Million Blüten hüllen dabei die fantasievoll geschmückten Prunkwagen auf ihrer 40 km langen Strecke vom Seebad Noordwijk nach Haarlem in ein farbenprächtiges, duftendes Kleid. Musikkapellen, hübsche Meisjes und fröhlich-bunte Folkloregruppen begleiten diesen »schönsten Stau des Landes« (www.bloemencorso.info).

Tulpen aus erster Hand

Im **Tulpenpflückgarten** auf Flevoland (ca. 30 km westl. von Meppel) kann man sich von Mitte April bis Mitte Mai den schönsten Frühlingsstrauß aus bis zu 50 (!) Tulpensorten selbst zusammenstellen (Steenwijkerweg 26, 8316 Marknesse, www.tulpenpluktuin.nl).

Preisgünstig erhält man die neuesten Kreationen der Züchter beim **Blumenzwiebelmarkt,** der Mitte Oktober in den CNB-Hallen von Lisse stattfindet.

Info

VVV Lisse

- Grachtweg 53
- 2161 HM Lisse
- Tel. 02 52/41 42 62
- www.vvvlisse.nl

Zum Schauen und Lesen

Das kleine Museum **De Zwarte Tulp** in Lisse erklärt mit viel Liebe zum Detail die Historie der Blumenzwiebelzucht sowie aktuelle Techniken und Trends der blühenden Wachstumsbranche (Grachtweg 2 a, Di–So 13–17 Uhr, www.museumdezwartetulp.nl).

Anna Pavords Buch **»Die Tulpe – Eine Kulturgeschichte«** bietet einen schönen illustrierten Überblick zur Geschichte der berühmten Zwiebelpflanze. Insel TB 2003.

Ausflüge

Nach Katwijk 24 und Noordwijk 25

Diese beiden beliebten Strandbäder an der südholländischen Küste sind von Leiden aus in rund 30 Min. erreichbar. Weißer Sand und bunte Strandkörbe, stille Wanderwege und Badetrubel bestimmen das Bild in den ehemaligen Fischerdörfern. Über das Städtchen **Katwijk** wachen die solide weiße Sint Andreaskerk sowie der Leuchtturm.

Jedes Jahr Mitte April beginnt in der Fußgängerzone von **Noordwijk** der berühmte **Bloemencorso** › **S. 94.** mit seinen originell dekorieren Prunkwagen.

6 Zum **Keukenhof 26

Im Herzen des bekannten Schnittblumenanbaugebiets **Bollenstreek** nördlich von Leiden erlebt man im Frühjahr eine imposante Farborgie: auf dem weiten Gelände des Keukenhofs blühen dann Hyazinthen, Krokusse, Narzissen und Tulpen. Jedes Jahr werden dort über 7 Millionen Blumenzwiebeln mit der Hand gepflanzt!

Mit einem Skulpturenpark, dem Tulpen-Walk of Fame und natürlich einem großen Souvenirladen ist der Schaugarten des »Küchenhofs« die größte und meistfotografierte Attraktion des Landes. Rund 800 000 Beasucher werden dann in nur acht Wochen gezählt! (Stationsweg 166 a, 2161 AM Lisse, Tel. 02 52/46 55 55, Ende März–Mitte Mai tgl. 8–19.30 Uhr, www.keukenhof.nl; › **auch Special Seite 93**).

**Haarlem 27

Die schmucke Provinzhauptstadt (153 000 Einw.) von Noord-Holland ist älter als das nahe Amsterdam. Als Heimat der Grafen von Holland erhielt sie 1245 Stadtrechte, im 17. Jh. brachte der Tulpenhandel viel Geld in den Stadtsäckel. Heute sind die chemische Industrie und grafische Betriebe wichtige Arbeitgeber.

Haarlem empfängt seine Besucher am Stationsplein mit einem **Bahnhofsgebäude** Ⓐ im prunkenden Schick des Jugendstils.

Der historische Stadtkern rund um den ***Grote Markt** wird von repräsentativen Bauwerken des ausgehenden Mittelalters und der Renaissance eingefasst. Das gotische ***Raadhuis** Ⓑ mit zierlicher Renaissanceloggia unter dem Zinnenkranz steht genau an der Stelle, an der mit der Pfalz der Grafen die Geschichte der Stadt begann.

Die spätgotische Basilika ***St. Bavokerk** Ⓒ mit ihrem 80 m hohen Turm ist das auffälligste Bauwerk der Stadt. Der Großteil der Innenausstattung, wie die Zedernholzdecke des Hauptschiffs, stammt aus der Zeit vor der Reformation. Berühmt ist die Orgel mit 500 Pfeifen (1738) von Christian Müller. Der Porträtmaler Frans Hals › **S. 97** fand in der Kirche seine letzte Ruhestätte (Mo–Sa 10–16 Uhr; Orgelkonzerte Mai–Okt. Di 20.15 Uhr).

Nebenan, in den einstigen Zunfthäusern Vleeshal und Verweyhal, genannt **De Hallen** Ⓓ, wird Gegenwartskunst präsentiert (Di–Sa 11–17, So 12–17 Uhr, www.dehallen.nl).

› Karte S. 96

Das älteste Museum des Landes gründete 1778 der Tuchhändler Pierre Teyler von der Hulst: **Teylers Museum** Ⓔ präsentiert 2000 Zeichnungen aus der *Sammlung der Königin Christine von Schweden mit bedeutenden Werken von Goltzius, Michelangelo und Raffael. Ein Querschnitt aus Arbeiten der Haager Schule sowie eine eindrucksvolle Sammlung niederländischer Meister – auch Rembrandt – begeistert nicht nur Kunstkenner (Di–Sa 10–17, So 12–17 Uhr, www.teylersmuseum.nl).

Der größte Kunstschatz der Stadt, ein Zyklus von acht Schützen- und Regentenporträts aus dem frühen 17. Jh., ist im **Frans-Hals-Museum** Ⓕ zu sehen, ebenso Werke von Jan van Scorel, Maarten van Heemskerck und Jacob van Ruysdael (Di–Sa 11–17, So 12–17 Uhr, www.franshalsmuseum.com).

Neben Leiden ist Haarlem die Stadt der Hofjes. Die historischen Wohnhöfe sind Oasen der Stille, wie das ***Hofje van Staats** Ⓖ am Jansweg oder das **Hofje van Bakenes** Ⓗ nahe des Marktplatzes.

Erstklass

Bei einer Bootsfahrt auf den Kanälen gewinnt man schöne Einblicke in das Leben in der altholländischen Stadt. Die Grachtenboote legen an der Spaarne in der Nähe des Teylers Museum ab.

Info

VVV

- Verwulft 11
- 2011 LR Haarlem
- Tel. 09 00/6 16 16 00
- www.haarlemmarketing.de

Hotel

Carlton Square Hotel ●●–●●●
Großes, modernes Standardhotel im Zentrum mit allem Komfort. Zimmer in drei Kategorien. Shuttlebus zum Airport.
Baan 7][Tel. 0 23/5 31 90 91
www.carlton.nl/square

Zwischenstopp: **Restaurants**

Koetjes en Kalfjes ●●
Schickes Bistro mit reizvoller Fusionküche. Sa und So nachmittags gibt es britischen High Tea.

- Oude Groenmarkt 10–12
- Tel. 0 23/5 32 16 99
- www.koetjesenkalfjes.com

Grand Café Nobel ●–●●
Das Lokal in der prächtigen Kornbörse verdient seinen Namen.

- Spaarne 36
- Tel. 0 23/5 32 70 34

Hofje Zonder Zorgen ●
Leckere Broodjes, Salate und Suppen.

- Grote Houtstraat 142A
- Tel. 0 23/5 31 06 07
- www.hofjezonderzorgen.nl
- abends geschl.

Detail aus einem Werk von Frans Hals im Frans-Hals-Museum

SEITENBLICK

Haarlem und seine Maler

Die Schützen- und Regentenstücke des Antwerpeners Frans Hals (1580–1666), der mit dem Eintritt in die Haarlemer Lukasgilde 1610 seine erfolgreiche Laufbahn als Maler begann, machten ihn quasi über Nacht weit über die Stadtgrenzen hinaus bekannt. Seine scharfe Beobachtungsgabe ließ ihn schon zu Lebzeiten zu einem der wichtigsten europäischen Porträtmaler werden.
Zuvor hatten bereits zwei andere Künstler den guten Ruf der Stadt begründet: Jan van Scorel sowie sein Lehrling Maarten van Heemskerck in der ersten Hälfte des 16. Jhs. Van Gogh zeigte sich noch Jahrhunderte später von der Hals'schen Malweise beeindruckt. Zu den begabtesten Hals-Schülern zählte übrigens eine Frau: Judith Leyster (17. Jh.) schaffte es, den Stil des Meisters perfekt nachzuahmen.

Ausflug ans **Meer**

Der einstige Fischerort **Zandvoort** 28 hat sich zum vornehmen, viel besuchten Seebad mit Spielkasino entwickelt. In den Amsterdamse Waterleidingsduinen, dem Trinkwasserreservoir der Metropole, kann man Spaziergänge oder Radtouren unternehmen (Haupteingang: Aerdenhout, Vogelenzangseweg).

Auch die imposanten Sandwellen der **Kennemerduinen** sind ein ideales Revier für Radfahrer, Reiter und Spaziergänger. Die mittelalterliche **Burgruine Brederode** wird immer wieder vom Sand verweht. Der ***Nationalpark Zuid-Kennemerland** 29 zwischen Scheveningen und IJMuiden ist ein wichtiges Erholungsgebiet für den Großraum Amsterdam. Die vorherrschenden Parabeldünen wurden zum geologischen Denkmal erklärt, und in den Infozentren am Parkrand erfährt man Interessantes über den Wasserhaushalt, die Biodiversität und die frühere Nutzung der Region (www.npzk.nl).

Im Norden grenzt die einzigartige Dünenlandschaft des ****Noordhollands Duinreservaat** an, das sich bis hinauf nach Bergen › **S. 99** zieht. Es ist nur gegen Eintritt zugänglich (Ticketautomaten). Auf Spaziergängen oder Fahrradtouren lassen sich viele Vogelarten beobachten.

Käsemarkt in Alkmaar

*Alkmaar 30

Viele Besucher kommen nur wegen des bereits im Jahr 1365 erwähnten ****Käsemarktes** (April–Sept. Fr 10–12.30 Uhr) in die Stadt (94 000 Einw.), doch verdienen auch die Gassen und Grachten abseits des Marktplatzes eine Visite, immerhin sind im Stadtkern über 400 historische Gebäude erhalten.

Bevor sie für das Wiegen der Käselaibe umgebaut wurde, war die Waage (1582) eine Kapelle. Auf dem Turm setzt sich zur vollen Stunde ein mechanisches Ritterturnier in Bewegung, samstagmittags und an Markt-Vormittagen erklingt ein Glockenspiel. Heute erläutert in dem schmucken Bau **Hollands Kaasmuseum** den Herstellungsprozess (Waagplein 2, April–Okt. Mo–Sa 10–16 Uhr, www.kaasmuseum.nl).

Am westlichen Ende der Altstadt grüßt die **Grote Kerk,** die größte spätgotische Kirche der Region, auf deren berühmter Schwalbenorgel (16. Jh.) manchmal Konzerte gespielt werden. Sehenswert ist das **Hofje van Splinter** (Ritsevoort 2); mit seinem hölzernen Tonnengewölbe und der alten Pflasterung ist es eines der ältesten seiner Art.

Gar nicht museal geht es im **Nationaal Biermuseum** zu: Nach dem Rundgang durch Schrotmühle, Labor und Böttcherei stehen in der Probierstube 80 Biersorten zur Wahl (Houttil 1, Mo–Sa 13–16 Uhr, im Sommer Fr ab 11 Uhr, www.biermuseum.nl). Freunde der berühmten Pilzköpfe besuchen das **Dutch Beatles Museum** mit handsignierten Devotionalien von John, Paul, George und Ringo (Kanaalkade 21a, www.beatlesmuseum.nl, Di–Sa 11–16.30 Uhr).

Info

VVV

- Waagplein 2
- 1811 JP Alkmaar
- Tel. 0 72/5 11 42 84
- www.vvvalkmaar.nl

Verkehr

Grachtenrundfahrten ab Mient (bei der Waage) Mai–Aug. tgl. ab 11 Uhr jede volle Std., April, Sept./Okt. nur Mo–Sa.

- www.rondvaartalkmaar.nl

Hotel

Golden Tulip Alkmaar ●●

Verkehrsgünstig am Rand der Altstadt gelegen, modern und geschmackvoll, Sauna, Fitnessraum; gutes Frühstücksbuffet.

- Arcadialaan 6
- Tel. 0 72/5 40 14 14
- www.hotelalkmaar.nl

Ausflug zum

Beemster Polder

Die historischen Bauernhäuser und Windmühlen des 1612 trockengelegten Beemster Polder südöstlich von Alkmaar zählen zum UNESCO-Weltkulturerbe. Schnurgerade alte Straßen führen durch üppig grünes Weideland. Besonders attraktiv ist **Middenbeemster** 31: Die Dorfkirche aus dem Jahr 1623, ein Werk Hendrick de Keysers, besitzt eine wunderbare Orgel.

Seebäder

Nördlich des Nordzeekanals reihen sich ehrwürdige Seebäder, von Alleen durchzogene Villengegenden und fröhlich-bunte Freizeitareale an der Küste auf: **Wijk aan Zee** 32, einst ein bescheidenes Fischerdorf, darf sich des breitesten Strandes der niederländischen Küste rühmen.

Egmond aan Zee 33 schmiegt sich samt weißem Leuchtturm in eine idyllische Dünenlandschaft und hat neben dem vollen Programm für Badeurlauber auch ein kleines Heimatmuseum in der Dorfkirche zu bieten. Draußen im Meer drehen sich die Rotoren eines großen Offshore-Windparks.

Kontrastreich präsentiert sich dagegen das Städtchen **Bergen** 34 als mondänes Strandbad mit gepflegten Villenvierteln im Ortsteil Bergen-Binnen. Familien lieben das große Aquarium in Bergen an Zee (Van der Wijckplein 16, tgl. 10–18, Okt.–März bis 17 Uhr).

Hotel

Zee Bergen ●●
Modernes Haus in ruhiger Waldlage, nahe den Dünen. Einige der freundlichen, hellen Zimmer haben einen Balkon.
- Wilhelminalaan 11
- 1861 LR Bergen-Binnen
- Tel. 0 72/5 89 72 41
- www.zeebergenhotel.nl

Zwischenstopp: **Restaurant**

Fabels ●
Gemütliches Eetcafé mit landestypischer Küche, in der Ortsmitte von Bergen-Binnen gelegen.
- Oude Prinsweg 9
- Tel. 0 72/5 81 40 03

Shopping

Über 20 Hallen voller Kitsch, Kunst, Antiquitäten, Lebensmittel und Kleidung vereint **Beverwijkse Bazaar,** der größte Markt Europas in der Nähe von Wijk aan Zee.
- Montageweg 35
- Sa/So 8.30–18 Uhr
- www.debazaar.nl

Den Helder 35

Die Hafenstadt (57 000 Einw.) am Kop van Holland ist Ankerplatz der königlichen Marine und zugleich auch Sitz der Kadettenanstalt, der Reichswerft und Fährhafen für die Watteninsel Texel › **S. 65**. Auf dem Areal des Forts Kijkduin aus dem 18. Jh. befindet sich u. a. das spektakuläre **Zeeaquarium,** in dem man in Tunnels aus Plexiglas durch die Lebensräume der Ozeane spazieren kann (Admiral Verhuellplein 1, Tel. 02 23/61 23 66, www.fortkijkduin.nl, April–Okt. tgl. 10–18, sonst 11–17 Uhr).

Fahrt auf den
*Afsluitdijk 36

Der 1932 eröffnete, 32 km lange, windumtoste Abschlussdeich des IJsselmeeres wehrt Sturmfluten ab und hilft, den Wasserstand im Poldergebiet zu regulieren. Ungefähr 5 km vor der Abfahrt in Friesland erhebt sich ein Aussichtsturm, der einen weiten Panoramablick über die raue See und das technische Meisterwerk bietet.

**Hoorn 37

Vor der Klinkerpracht der Lagerhäuser schaukeln am pittoresken Hoofdtoren die Masten der Jachten im Wind. Dank seiner geschützten Lage an der Zuiderzee konnte sich Hoorn (71 000 Einw.) ab dem 14. Jh. zu einem wichtigen Umschlagplatz für den Überseehandel und den westfriesischen Fischfang entwickeln. Im 17. Jh. hatten sowohl die Ostindische als auch die Westindische und Nordische Compagnie ihren repräsentativen Sitz im schönen Hoorn.

Ein prächtiges wappengeschmücktes Giebelhaus (1632) gegenüber der Stadtwaage beherbergt das **Westfries Museum.** Die Historie Westfrieslands wie auch das Alltagsleben im Wandel der Zeiten wird anhand verschiedener Exponate wie Kleidung oder Haushaltsgerät erläutert (Rode Steen 1, Di–Fr 11–17, Sa/So 13 bis 17 Uhr, www.westfriesmuseum.com).

Info

VVV
Veemarkt 4
- 1621 JC Hoorn
- Tel. 02 29/21 83 43
- www.vvvhoorn.nl

Verkehr

Museumsbahn Hoorn – Medemblik
- Van Dedemstr. 8
- Tel. 02 29/21 48 62
- www.museumstoomtram.nl/de
- Fahrten April–Sept. Di–So, März/Okt. sonst nur am Wochenende.

Hotels

Petit Nord ●●
Zentrale Lage am Bahnhof, freundliche Atmosphäre; 34 moderne, gut ausgestattete Zimmer, auch für Familien.
- Kleine Noord 53–55
- Tel. 02 29/21 27 50
- www.hotelpetitnord.nl

Controversy Tram Inn ●●
Originell ausgestattete Apartments in alten Trambahn-Wagen sowie ein extravagantes, sehr großes Apartment in einem Zug.
Erst-! klassig
- Konigspade 36
- 1718 MP Hoogwoud (15 km nordwestl. von Hoorn)
- Tel. 02 26/35 26 93
- www.controversy.nl

Zwischenstopp: **Restaurant**

D'Oude Waegh ●●
Das in der restaurierten Stadtwaage untergebrachte Café-Restaurant serviert niederländische Spezialitäten mit französischem Pfiff.
- Roode Steen 8
- Tel. 02 29/21 51 95
- www.oudewaegh.nl

SEITENBLICK

Schützende Dünen

Von Natur aus instabil und wandlungsfähig, aber dennoch beständig bilden die Sanddünen am Nordseestrand einen natürlichen Schutzwall für die von Erosion bedrohten Küstenstreifen: Wo steter Westwind bläst und die Wellen gegen den Strand schlagen, wurzeln zähe Pionierpflanzen auf den Vordünen. In der zweiten Reihe finden Sandregenpfeifer windgeschützte Nistplätze, wachsen Sanddorn und Stranddisteln. Weiter landeinwärts sind die offenen Dünen bereits mit Gestrüpp bewachsen – oder mit alten Villen bebaut. Dort bilden sich Süß- oder Brackwasserbecken sowie wichtige Biotope für die Küstenflora und Fauna. Als Landschaftsschützer grasen dort schottische Hochlandrinder.

Nicht nur in den Naturschutzgebieten der Kemmenerduinen und des Noordhollands Duinreservaat sowie in den Schoorlse Duinen bei Camperduin, wo mit 54 sandigen Metern die höchste Düne der Niederlande aufhäuft, und im Vogelschutzgebiet De Putten im Natuurreservaat Zwanenwater bei Callantsoog gelten strenge Schutzmaßnahmen. Fast überall müssen Erholungssuchende eine Eintrittskarte lösen, das Wegegebot beachten und ihre Hunde an die Leine nehmen.
Erst-! klassig

Ausflug nach

Medemblik und Twisk

Schon 1289 erhielt das idyllische **Medemblik** 38 die Stadtrechte und stieg zur Hauptstadt Westfrieslands auf. Hübsche Giebelhäuser säumen den alten **Hafen** mit heiterer Atmosphäre. Familien besuchen Medemblik wegen seines imposanten, von Wassergräben umgebenen **Kasteel Raboud,** das lange nördlichster Verteidigungspunkt Westfrieslands war. An den Sommerwochenenden finden oft historische Events an der Burg statt (Oudevaartsgat 8, Mai–15. Sept. Mo–Sa 11–17, So 14–17 Uhr, sonst nur So 14 bis 17 Uhr, www.kasteelradboud.nl).

Wenige Kilometer südlich liegt das malerische Dorf **Twisk** 39. Dort sorgte der Denkmalschutz für die Restaurierung einer Kirche (14. Jh.), mehrerer Bauernhöfe und würdevoller Herrenhäuser mit ihren geschnitzten Eingangstüren und zierlichen Kaminen.

*Enkhuizen 40

Malerisch liegt die Kleinstadt (18 000 Einw.) inmitten riesiger Blumenfelder auf einer Halbinsel im IJsselmeer. Die gut erhaltene Bausubstanz im Ortskern zeugt vom Wohlstand im 17. Jh., als Handel und Heringsfang enorme Summen einbrachten. An etlichen Backsteingiebelhäusern wird ihre zur Gasse geneigte Fassade verwundern: Einen halben Zentimeter je Höhenmeter neigen sich die Mauern nach vorn, denn wurden früher prall gefüllte Säcke mit duftenden Gewürzen aus Übersee am Takelbalken emporgezogen, stießen sie dank dieser Bauweise nicht an die Fassade! Sehenswert ist außerdem die **Gommaruskerk** (Westerstraat), eine gotische Hallenkirche aus dem 15. Jh. mit herrlichem Schnitzwerk am Lettner und einer großartigen Bibliothek.

Erst-klassig

Die stürmische Fahrt über die Deichtrasse durch das Markermeer hinüber nach Flevoland › **S. 119** ist nicht nur für Radler ein Erlebnis.

9

Kunst, Design, Mode, das kulturelle Erbe und immer wieder auch der Bezug zwischen Wasser und Land prägen die abwechslungsreichen Ausstellungen des ****Zuiderzee-Museumskomplexes** in Enkhuizen. Auf dem parkähnlichen Freigelände bilden 135 alte Gebäude und historische Schiffe ein faszinierendes Ensemble. Wie die Exponate im angeschlossenen Binnenmuseum dokumentieren sie eindrucksvoll die Verwandlung der ehemaligen Nordseebucht in das heutige Binnengewässer des IJsselmeers (Wierdijk 12–22, Eingang am Deich Enkhuizen–Lelystad: Museumspark ganzjährig zugänglich, Ausstellungen April–Okt. tgl. 10–17 Uhr, Tel. 02 28/35 11 11, www.zuiderzeemuseum.nl).

Info

VVV

- Tussen Twee Havens 1
- 1601 EM Enkhuizen
- Tel. 02 28/31 31 64
- www.vvvenkhuizen.nl

Aktivitäten

st-! assig

Segeltörns auf restaurierten traditionellen Flachkähnen samt Crew und Bordservice bietet die Firma **Naupar** an.

- Stationsplein 3
- Tel. 0 88/2 52 50 00
- www.naupar.com

Hotel

Die Port van Cleve ●●

Individuelles Familienhotel in einem historischen Gebäude von 1540.

- Dijk 74–76
- Tel. 02 28/31 25 10
- www.dieportvancleveenkhuizen.nl

Zwischenstopp: **Restaurant**

De Smederij ●●

Bistro in ehemaliger Schmiede mit maritimer Note; auch vegetarische Gerichte.

- Breedstr. 158
- Tel. 02 28/31 46 04
- www.restaurantdesmederij.nl
- Mi geschl.

**Edam 41

Gelbe Käselaibe haben die Kleinstadt (7000 Einw.) weltberühmt gemacht, sie werden bis heute jeden Mittwochvormittag im Juli und August auf dem **Kaasmarkt** gehandelt. Einen Besuch lohnt die **Kaaswaag** mit einer Ausstellung historischer Geräte rund um den Käse (Jan Nieuwenhuizenplein 5, April–Okt. 10–17 Uhr, Tel. 02 99/37 28 42).

Die gotische **Nicolaaskerk** (Grote Kerkstraat) zeichnen bleiverglaste Fenster aus dem 17. Jh. aus. Am **Speeltoren** lässt die Klangfülle eines der ältesten Glockenspiele des Landes aufhorchen.

Info

VVV

- Damplein 1
- 1135 BK Edam
- Tel. 02 99/31 51 25
- www.vvv-edam.nl

Die schönsten Märkte

Erst-! klassig

- Die buntesten Blüten des Landes verwandeln die Amsterdamer Singelgracht südlich des Muntplein jeden Tag in ein Farbenmeer. Der **Bloemenmarkt** ist eine Institution, neben bunten Sträußen werden auch botanische Raritäten verkauft. › **S. 48**
- Multikulturell, laut und bunt präsentiert sich der **Albert-Cuyp-Straßenmarkt,** der täglich im Amsterdamer Viertel De Pijp stattfindet. › **S. 48**
- Beim **Workumer Viehmarkt,** der am vierten Mittwoch im September in der Nähe von Hindeloopen › **S. 60** abgehalten wird, prüfen friesische Händler in Tracht die Qualität der gefleckten Milchkühe mit einem kräftigen Griff an die Euter.
- Alles dreht sich um den Käse, wenn im Sommer am Freitag vor der historischen Waag in **Alkmaar** junge Männer die gelben Laibe über den Platz hieven und Meisjes in weißen Hauben mit Holzschuhen klappern. › **S. 98**
- Sechs Kilometer lang ist der antiquarische **Büchermarkt,** der am ersten Sonntag im August den Deventer IJsselboulevard schmückt. › **S. 116**
- Am **Koninginnendag,** dem 30. April, bieten bei Freimärkten in vielen Orten vor allem Kinder ihre ausgemusterten Spielsachen und Flohmarktware an.

› Karte S. 75

Auf der Insel Marken

Hotel

De Fortuna ●●

Malerischer Gebäudekomplex mit schnuckeligen Zimmern und Terrassengarten, der bei Sonne zur Kaffeerunde einlädt.

- Spuistraat 3
- Tel. 02 99/37 16 71
- www.fortuna-edam.nl

Shopping

Niederländische Käsespezialitäten von butterzart bis vollreif-bröslig führt **De Edamer Kaaswinkel** am

- Spui 8.

*Volendam 42

Hollandidylle pur beherrscht das ehemalige Fischerdorf. Vor allem an Feiertagen trägt man stolz die alte Tracht und lässt sich vor den bunten Holzhäuschen fotografieren. Originelle Wanddekoration kann man im **Sigarrenbandjeshuis** bewundern, wo angeblich 7 Mio. Zigarrenbanderolen die Tapeten ersetzen!

10

**Insel Marken 43

Die über einen 2 km langen Deich mit dem Festland verbundene Insel bietet ein Stück Holland aus dem Bilderbuch. Hier blieben Lebensgewohnheiten erhalten, die anderswo längst der Moderne zum Opfer gefallen waren. Als mit der Abtrennung der großen Bucht Zuiderzee von der Nordsee die Fischereierträge geringer wurden, forcierte man den Tourismus als Wirtschaftszweig. Freundlich-nostalgisch wirken die malerischen grün-weißen Fischerhäuser, fotogene Holzbrücken und altholländische Trachten, die nicht nur im **Marker Museum** (Kerkbuurt 44–47, April–Okt. Mo–Sa 10–17, So 12–16 Uhr) zu sehen sind.

Hotel

Hof Van Marken ●●

Kuscheliges Hotel mit sieben pastellfarbenen Zimmern und gutem Restaurant.

- Buurt II 15
- Tel. 02 99/60 13 00
- www.hofvanmarken.nl

Zwischenstopp: **Restaurant**

De Taanderij ●

Sympathisches Café-Restaurant mit Blick auf den Markener Hafen und leckeren Kuchen, Tische im Freien, tgl. außer Mo 10–21 Uhr.

- Havenbuurt 1
- Tel. 02 99/60 22 06

Skulpturenpark des Kröller-Müller-Museums

Die eindrucksvolle Landesmitte

Das Beste!

- Mit einem weißen Fahrrad, einem Witte Fiets den Skulpturenpark der Hoge Veluwe erkunden › S. 116
- Auf der Wohninsel der frechen Totenkopfäffchen in Apenheul tierische Bekanntschaften schließen › S. 115
- Vom Nieuwe Toren den traumhaften Panoramablick über die Hansestadt Kampen genießen › S. 118

› Karte S. 108

Die Provinzen Gelderland und Overijssel überraschen mit historischen Hansestädten, innovativen Museen, Attraktionen für Familien und dem größten Nationalpark der Niederlande.

Ob kunstsinnig, abenteuerlustig, naturverbunden oder einfach nur neugierig – die Provinzen Gelderland und Overijssel zwischen dem IJsselmeer im Nordwesten und dem breiten Tal der IJssel im Osten halten für alle Besucher etwas bereit.

In den schmucken, überschaubaren altehrwürdigen Hansestädten wie Deventer, Zwolle oder Kampen bewundert man herrschaftliche Fassaden und beeindruckende Kirchen, bummelt durch originelle Geschäfte und speist in stimmungsvollen Restaurants im Grachtenidyll. Die grüne Lunge des Landes, der Nationalpark Hoge Veluwe, ist für Natur- und Kulturfreunde gleichermaßen attraktiv. Rund um Arnheim und Apeldoorn locken familienfreundliche Ziele wie Burger's Zoo und der Affenpark Apenheul, aber auch das königliche Palais Het Loo mit seiner großartigen Parkanlage.

Auf Flevoland und auf dem Noordoostpolder schließlich, den erst seit den 1940er-Jahren systematisch trockengelegten Neuländern, faszinieren nicht nur eigenwillige Museen und zahlreiche Objekte grüner Landschaftskunst, sondern auch der reizvolle Kontrast zwischen charmanten historischen Relikten wie Schokland oder Urk und modernen städtebaulichen Experimenten mit Labyrinthcharakter.

Figuren schmücken die Fassade des gotischen Rathauses von Kampen

Touren in der Region

Tour 13 Hansestädte an der IJssel

Tour-Übersicht:

Verlauf: **Doesburg › Bronckhorst › Zutphen › Deventer › Hattem › Zwolle › Kampen › Hasselt**

Dauer: 4 Tage (ca. 120 km)

Praktische Hinweise:

- Gute Verbindungen mit öffentlichen Verkehrsmitteln, auch als gemütliche Fahrradtour möglich.

Tour-Start:

Stattliche Renditen garantierte im späten Mittelalter das in Norddeutschland entstandene Handelsbündnis der Hanse, dem sich auch sieben Städte an der IJssel angeschlossen hatten. **Doesburg** › S. 113 war im 14. und 15. Jh. eine sehr wohlhabende Stadt, heute präsentiert es sich als schnuckeliges Dorf.

Auch im denkmalgeschützten ***Bronckhorst** › S. 114, der kleinsten Stadt der Niederlande, scheint die Zeit stillzustehen, während sich ****Zutphen** › S. 113, die Stadt mit den vielen Türmen, innerhalb seiner historischen Wehranlagen inzwischen zu einem lebhaften Ausflugsziel entwickelt hat, in dem man gerne für eine Nacht sein Quartier nimmt. Das Museum Henriette Polak mit seiner beachtlichen Sammlung niederländischer Malerei und einer Geheimkirche ist einen Besuch wert, bevor man sich am nächsten Tag zur Weiterreise bereit macht.

Unübersehbar weist der Turm der Sint Lebuinskerk den Weg hinein in die alte Hansestadt ****Deventer** › S. 116. Ein Bummel durch das malerische Bergkwartier und auf dem IJsselboulevard schließt den zweiten Reisetag ab.

Am Morgen des dritten Tages lockt einer der bunten Märkte der Stadt, dann empfängt nach einer kurzen Fahrstrecke ***Hattem** › S. 118 seine Gäste mit der nostalgischen Ruhe eines Städtchens aus dem 15. Jh. Dort lohnen das Nederlands Bakkerij Museum und das Anton-Pieck-Museum einen Besuch.

***Zwolle** › S. 117 dagegen, Station für die dritte Nacht, vereint in seinem sternförmigen Grachtenring bedeutende historische Bauten wie die Onze-Lieve-Vrouwe-Basiliek mit originellen Geschäften und dem berühmten Zwolse Balletjeshuis.

Nach einem Abstecher ins reizvolle alte Festungsstädtchen **Hasselt** › S. 118, am Zwarte Water folgt man der IJssel abwärts nach ***Kampen** › S. 118. Die stolze Hansestadt liegt traumhaft am Fluss, geschmückt von alten Toren und verwinkelten Gassen. An der Koggenwerft kann man zusehen, wie die traditionellen bauchigen Holzschiffe gebaut werden. In Kampen besteht Anschluss an die Tour »Überraschendes Flevoland«, eine Polderlandschaft, die erst im 20. Jh. dem IJsselmeer abgerungen wurde.

Tour 14 Überraschendes Flevoland

Tour-Übersicht:

Verlauf: **Kampen › Almere › Lelystad › Urk › Schokland › Kampen**

Dauer: 1 Tag (ca. 125 km)

Praktische Hinweise:

- Die Tour lässt sich sowohl mit dem Auto als auch mit dem Fahrrad unternehmen.
- Radfahrer sollten die meist schnurgeraden Straßen am Markermeer in Nord-Süd-Richtung befahren, um Gegenwind zu vermeiden.
- Der Nordosten von Almere ist bis auf Weiteres eine unübersichtliche Großbaustelle.

Tour-Start:

Von ***Kampen** › **S. 118** aus lässt sich die Polderlandschaft Flevolands gut an einem Tag erkunden: Die erste Station ist **Almere** › **S. 120** im Südwesten mit seinem ungewöhnlichen Museum De Paviljoens und einigen LandArt-Objekten in der näheren Umgebung.

Danach kann man in den funktionalen Wohnsiedlungen von **Lelystad** › **S. 119** seinen Orientierungssinn auf die Probe stellen. Eine Hilfe: Witzige Details in diesem Labyrinth der Klinkerbauten verweisen auf die Individualität ihrer Bewohner und helfen bei der Suche nach dem richtigen Weg. Auf der nahen Bataviawerft entstehen Nachbauten historischer Schiffe.

Touren in der Landesmitte

Tour 13 Hansestädte an der IJssel

Doesburg › Zutphen › Deventer › Hattem › Zwolle › Kampen › Hasselt

Tour 14 Überraschendes Flevoland

Kampen › Almere › Lelystad › Urk › Schokland › Kampen

Am Nachmittag lohnen sich ein Bummel durch die alte Hafenstadt **Urk** › S. 119 und ein Besuch der nun in Wiesen gebetteten früheren Insel ****Schokland** › S. 119 mit ihrem nostalgischen Charme, bevor man am frühen Abend nach Kampen zurückkehrt.

Wichtige Adressen

Gelders Overijssels Bureau voor Toerisme (GOBT)

- Pikeursbaan 23
- 7411 GT Deventer
- Tel. 05 70/68 07 00
- www.gobt.nl (derzeit nur Niederländisch)

Flevolands Bureau voor Toerisme

- Hoofdstraat West 38
- 8471 HV Weolvega
- Tel. 05 61/61 53 64
- www.flevolandholland.nl (derzeit nur Niederländisch)

Unterwegs in der Landesmitte

*Nijmegen 1

Das älteste Bauwerk der von den Batavern gegründeten und im Zweiten Weltkrieg schwer beschädigten Stadt (166 000 Einw.) ist die Ruine des Valkhofs. Einige der historischen Gebäude, darunter das ***Raadhuis** (Korte Nieuwstraat 6), wurden rekonstruiert.

Auf dem dreieckigen **Grote Markt** steht in Bronze erstarrt das Mariken van Nijmegen. Der Überlieferung nach soll das Mädchen mit dem Teufel paktiert haben. Zur Strafe wurden ihm Fesseln aus Eisen angelegt, die gegen Ende der Bußzeit von selbst aufsprangen.

Das mächtige Doppeltor des Kerkboog gewährte früher Zutritt zum sakralen Bereich um die ökumenisch genutze **St. Stevenskerk** (1230–1560) mit ihren verspielten Turmspitzen. Dicht an die Kirche drängen sich die alten Kanonikerhäuser und die ***Latijnse School** (St. Stevenskerkhof) aus dem 16. Jh., in deren Architektur sich Gotik und Renaissance auf eine harmonische Weise verflechten.

Das Ufer der Waal, des südlichen Mündungsarms des Rheins, begleitet die hübsche ***Waalkade.** Mit ihren Cafés und Restaurants direkt am Wasser lockt sie Tagträumer und Genießer zum Verweilen ein. In einem der alten, sorgfältig restaurierten Hafenhäuser hat sich das ***Nationaal Fietsmuseum Velorama,** eine originelle Ausstellung rund ums Fahrrad, einquartiert (Waalkade 107, Mo–Sa 10–17, So 11–17 Uhr, www.velorama.nl).

Erstklass

Südöstlich des Stadtzentrums, in **Berg en Dal,** beleuchtet das Afrikamuseum die kulturelle Vielfalt des schwarzen Kontinents, vor allem die Nachbauten traditioneller Hütten präsentieren sich reizvoll (Postweg 6, April–Okt. Mo–Fr 10–17, Sa/So 11–17 Uhr, Nov.–März Mo geschl., www.afrikamuseum.nl).

Info

VVV

- Keizer Karelplein 32h
- 6511 NH Nijmegen
- Tel. 09 00/1 12 23 44
- www.vvvnijmegen.nl

Hotel

Atlanta ●●

Direkt am Grote Markt, helle Zimmer, familiäre Atmosphäre und schickes Grand Café im Erdgeschoss.

- Grote Markt 38–40
- Tel. 0 24/3 60 30 00
- www.atlanta-hotel.nl
- Extragebühr für Parkplatz.

Zwischenstopp: Restaurants

Drinkhuys De Waagh ●●

Uriges Lokal mit abwechslungsreicher Karte: Suppen und Sandwiches sind ebenso im Angebot wie Köstliches aus Wasser, Wald und Garten.

- Grote Markt 26
- Tel. 0 24/3 60 08 09
- www.de-waagh.nl

De Blauwe Hand ●

Älteste Bar in Nijmegen von 1542.

- Achter de Hoofdwacht 3
- Tel. 0 24/3 60 61 67
- www.indeblaauwehand.nl

Ausflug ins Rivierengebiet

Westlich von Nijmegen beginnt das Gelders Rivierengebiet. Tolle Ausblicke über diese flache Flusslandschaft bieten sich von den Deichkronen, die die Häuser vor den Fluten von Maas und Waal schützen.

Batenburg 2 erweist sich als sympathisches Städtchen mit weißen, reetgedeckten Häuschen. Das Gartendorf **Appeltern** 3 mit seinen liebevoll gepflegten Vorgärten ist eine wahre ländliche Farbexplosion, und in der rechtwinklig bebauten Oranierfestung **Buren** 4 hat »Buren & Oranje«, ein Museum über das niederländische Königsgeschlecht

Erst-! klassig

Nijmegens gute Stube: der Grote Markt

und seine verwandtschaftlichen Beziehungen nach Deutschland, Platz gefunden (Oude Markt 1, Ende März–Okt. Mo–Sa 10–16.30, sonst nur Di 11–15, Sa 13–16 Uhr, www.museumburenenoranje.nl).

Arnhem 5

Im 16. Jh. burgundisch und später unter spanischer Herrschaft, wurde die Hansestadt (150 000 Einw.) am Nederrijn 1672 von französischen Truppen Ludwigs XIV. okkupiert und 1813 von Preußen befreit. 1944 fielen fast alle historischen Bauwerke den Bomben zum Opfer. Nach alten Plänen wieder aufgebaut, besitzt die Provinzhauptstadt Gelderlands rund um den **Korenmarkt** wieder viel nostalgisches Flair.

Sehenswert ist die **Grote Kerk,** deren Architektur Einflüsse niederrheinischer Spätgotik verrät. Die Turmbesteigung wird mit schönen Ausblicken belohnt (Kerkplein, Mai bis Sept. Di–Sa 10–17, So 12–17 Uhr, sonst kürzer). Mit dem Thema Wasser befasst sich das **Nederlands Watermuseum** im Stadtpark Sonsbeek. Ein kleines Labor ermöglicht spannende Experimente, vor allem für Kinder (Zijpendaalseweg 26–28, Di–So 10–17 Uhr, Tel. 0 26/4 45 25 48, www.watermuseum.nl).

Historische Bauernküche im Freilichtmuseum bei Arnhem

Einen ganzen Tag kann man in Burger's Zoo verbringen und die Lebensräume der Ozeane, der Regenwälder und der Wüsten samt ihrer Tierwelt erkunden › **S. 19**. Erstklassig

Das ****Nederlands Openluchtmuseum,** ein wunderbares Freilichtmuseum, erinnert an die Traditionen und Gerätschaften der Landbevölkerung. Beim Rundgang – oder der Rundfahrt mit einer rumpelnden Straßenbahn – entdeckt man Bauernhöfe aus allen Landesteilen sowie einige interessante Mühlentypen wie etwa den in Friesland verbreiteten Tjasker. Das HollandRama am Eingang lädt zu einer multimedialen Reise in die Vergangenheit ein (Schelmseweg 89, April–Okt. tgl. 10–17 Uhr, 30.11.–12.1. tgl. 11–19 Uhr, sonst ist tgl. von 11 bis 16.30 Uhr nur die Parkanlage zugänglich, Tel. 0 26/3 57 61 11, www.openluchtmuseum.nl). Erstklassig

Info

VVV

- Stationsplein 13
- 6811 KG Arnhem
- Tel. 09 00/1 12 23 44
- www.vvvarnhem.nl

Hotels

NH Rijnhotel ●●
Großer Neubau am Ijsselufer, perfekter Service, moderne Ausstattung, Panoramarestaurant und Fahrradverleih.
- Onderlangs 10
- Tel. 0 26/4 43 46 42
- www.nh-hotels.com

Landgoed Groot Warnsborn ●●
Romantischer ehemaliger Adelssitz mit nobel eingerichteten Zimmern (teils Kamin oder Terrasse), Wellnessbereich und edler Brasserie.
- Bakenbergseweg 277
- Tel. 0 26/4 45 57 51
- www.grootwarnsborn.nl

Ausflug nach Schloss Middachten

»Grüne Zimmer« wie der Teegarten oder ein prachtvoller Rosengarten reihen sich als Zeugnisse von 300 Jahren Gartenkultur um den imposanten Adelssitz in **De Steeg** 6, ca. 15 km nordöstlich von Arnhem. Im Sommer finden dort Konzerte, Märkte und Veranstaltungen rund um das Thema Garten statt (Kasteel Middachten, 6994 JC De Steeg, Tel. 02 64 95/ 49 98, Garten 15.5.–15.9. So–Do 10–16.30 Uhr, Schloss nur zu bestimmten Terminen, s. Website www.middachten.com).

Doesburg 7

Die idyllisch-verträumte ehemalige Hansestadt an der IJssel liegt mitten im fruchtbaren »Garten Gelderlands« mit seinen Mühlen und Gutshöfen. Würze ins Leben bringen die Kreationen der **Doesburgsche Mosterd- en Azijnfabriek,** die Senfsamen aus der Umgebung nach alten Rezepturen verarbeitet (Boekholtstraat 22–26, Di–Fr 10–17, Sa 11–16 Uhr).

Hotel

't Doktershuus ●
Geschmackvoll, originell und familiär geführtes B&B mit kleinem Garten samt Terrasse.
- Veerpoortstraat 26
- 6981 BN Doesburg
- Tel. 0 65/5 13 87 40
- www.doktershuus.nl

**Zutphen 8

Ein Spaziergang durch die Stadt mit den vielen alten Türmen führt zu Giebelhäusern aus der Zeit der Hanse am Markt, Hout- und Zaadmarkt. Elegante Portale lenken den Blick auf sich. Ein kunsthistorisches Juwel ist die **St. Walburgskerk** (12. Jh., Kerkhof) mit beeindruckenden Fresken und Chorkapellen, mittelalterlichem Kronleuchter und kupfernem Taufbecken (1527). Im ehemaligen Kapitelsaal der Kirche fand die ***Librije,** eine einzigartige Bibliothek mit 400 Büchern, darunter 80 Inkunabeln, ihren Platz.

Sehenswert sind außerdem das **Stadhuis** in der Lange Hofstraat, der dahinterliegende gotische **Burgerzaal** (15. Jh.), ehemals Butter- und Fleischhalle, sowie das **Stedelijk Museum** im früheren Dominikanerkloster (Rozengracht 3, Di–So 11–17 Uhr, www.museazutphen.nl).

Im Affenpark Apenheul

Das **Museum Henriette Polak** bietet einen ausgewählten Überblick über niederländische Malerei des 20. Jh. (Zaandmarkt 88, Di–So 11–17 Uhr, www.museumhenriettepolak.nl).

Info

Infopunt

- Rozengracht 3 (Stedelijk Museum)
- Tel. 05 75/51 68 78
- www.vvvzutphen.nl

Hotel

s'Gravenhof ●●

Schickes Hotel in einem Waisenhaus aus dem 17. Jh., an einem charmanten Altstadtplatz, mit Terrasse, Bar und dem Sternerestaurant 't Schulten Hues.

- s'Gravenhof 6
- Tel. 05 75/59 68 68
- www.hampshire-hotels.com

Zwischenstopp: Restaurants

Jan van de Krent ●●

Saisonale Leckereien.

- Dijckmeesterweg 27 b
- Tel. 05 75/51 92 71
- www.janvandekrent.eu
- Mo, Di geschl.

Wijnhuistoren ●●

Drei originelle Restaurants mit orientalischem, italienischem bzw. spanischem Kneipen-Touch samt Kochschule und diversen Küchenevents unter einem Dach.

- Groenmarkt 40
- Tel. 05 75/54 97 33
- www.wijnhuistoren.nl

Ausflug nach

*Bronckhorst und De Wiersse

Blitzsauber und schnuckelig präsentiert sich **Bronckhorst** 9, die kleinste Stadt der Niederlande (ca. 16 km südl. von Zutphen). Dieses museale Schatzkästchen mit mittelalterlichen Backsteinhäusern, zierlichen Staffelgiebeln besitzt ein verwinkeltes **Dickens-Museum,** in dem bekannte Romanmotive en miniature nachgestellt sind (Onderstr. 2, April–Okt. tgl. 10–17, sonst Sa/So 10–17 Uhr, www.dickensmuseum.nl).

Das Landgut **De Wiersse** 10 ist vor allem wegen der raffinierten Blütenkompositionen auf den Beeten und seines »wilden« Landschaftsgartens bekannt (7251 LH Vorden, Tel. 05 71/45 14 09, www.dewiersse.nl, April–Sept. Do und 1. Sa im Monat 10.30 Uhr Führung ohne Voranmeldung, außerdem an sieben bis acht ausgewählten Tagen im Jahr von 10–17 Uhr geöffnet).

Erstklas

Apeldoorn 11

Einst ein Heidedorf, hat sich Apeldoorn zu einer bedeutenden Einkaufsstadt (157 000 Einw.) gemausert. Ihre bekannteste Attraktion ist jedoch die ehemalige Sommerresidenz der Oranier, ein prunkvoll ausgestattetes Schloss mit barocken Gartenanlagen, das zuletzt Königin Wilhelmina, der Großmutter von Königin Beatrix, als Altersruhesitz diente. Mittlerweile ist es als ***Paleis Het Loo Nationaal Museum** in Staatsbesitz und Besuchern zugänglich (Koninklijk Park 1, Di–So 10 bis 17 Uhr, www.paleishetloo.nl).

Der Affenpark ****Apenheul** im Westen von Apeldoorn ist die Heimat von mehr als 30 zum Teil bedrohten Affenarten aus aller Welt. Einige Habitate können die Besucher durchwandern, sodass es immer wieder passiert, dass einem ein vorwitziges Totenkopfäffchen auf die Schulter springt oder nach der Brille greift. Am Eingang erhält man deshalb Tipps, wie man seine Habseligkeiten affensicher verstaut. Im Freilichtgehege dürfen Kinder bei den Fütterungen helfen – ein unvergessliches Erlebnis (J. C. Wilslaan 21–31, Mitte März–Okt. tgl. 10–17 Uhr, www.apenheul.nl).

Info

VVV

- Deventerstr. 18
- 7311 LS Apeldoorn
- Tel. 0 55/5 26 02 00
- www.vvvapeldoorn.nl

Hotels

De Keizerskroon ●●●
Das Hotel nahe des Paleis Het Loo besticht mit edlem Ambiente und großen, geschmackvoll eingerichteten Zimmern. Der grandiose Wellnessbereich und das Restaurant mit internationaler Karte machen den Aufenthalt perfekt.

- Koningstraat 7
- Tel. 0 55/5 21 77 44
- www.keizerskroon.nl

De Jonge Stee ●●
Schöne Zimmer auf einem ehemaligen Bauernhof in Vierhouten, ideal für Besucher des Wellnessresorts Veluwse Bron.

- Plaggeweg 26
- Tel. 05 77/41 02 24
- www.dejongestee.nl

Zwischenstopp: Restaurant

Het Nieuws van Apeldoorn ●●
Solide französisch-italienische Küche und schöne Terrasse, Livemusik.

- Leienplein 12
- Tel. 0 55/5 22 05 66

**Nationalpark De Hoge Veluwe 12

Das mit 5500 ha größte Naturschutzgebiet der Niederlande fasziniert durch seine unterschiedlichen Landschaftsräume: Heidegebiete wechseln mit Wald- und Wasserflächen, wo die Besucher wie auch 150 Vogelarten, Hirsche, Mufflons, Rehe und Wildschweine ungestört herumstreifen können. Eingänge befinden sich in Otterlo, Hoenderloo und Schaarsbergen.

Das originelle unterirdische **Museonder** unter dem Besucherzentrum De Aanschouw erlaubt einen Blick unter den Heideboden (Houtkampweg 9c, Otterlo, tgl. 9.30–17 Uhr, April–Okt. bis 18 Uhr, www.hogeveluwe.nl).

› Karte S. 108

Inmitten des Parks begeistert das berühmte ****Rijksmuseum Kröller-Müller** mit insgesamt 87 Gemälden und 185 Papierarbeiten Vincent van Goghs. Dank der richtungweisenden Museumsarchitektur bilden die Kunstausstellung und der 11 ha große Skulpturenpark eine Einheit. Im Park sind über 100 Plastiken u.a. von Rodin, Serra und Moore aufgestellt (Houtkampweg 6, 6731 AW Otterlo, Di–So 10–17 Uhr, www.kmm.nl).

Verkehr

De Hoge Veluwe ist autofrei; Besucher lassen ihr Fahrzeug an einem der Eingänge Otterlo, Schaarsbergen oder Hoenderloo stehen und satteln auf eines der Witte Fietsen um. Die weißen Fahrräder in allen Größen stehen kostenlos bereit, um das Gelände auf dem 42 km langen, gut ausgeschilderten Radwegenetz kennenzulernen.

Im Nationalpark De Hoge Veluwe

Hotel

Boutique Hotel Sterrenberg ●●
In Signalrot gestyltes, modernes Hotel mit Restaurant und Wellnessbereich.

- Houtkampweg 1
- 6731 AV Otterlo
- Tel. 03 18/59 12 28
- www.sterrenberg.nl

Zwischenstopp: **Restaurant**

't Pannekoekhuis Hoenderloo ●
Preiswerte fantasievolle Pfannkuchen.

- Krimweg 93
- Hoenderloo
- Tel. 0 55/3 78 12 05
- Mi–Mo 12–20 Uhr

**Deventer 13

Schon im 9. Jh. war Deventer (98 000 Einw.) ein bedeutendes Handelszentrum. An die Blütezeit der Hanse erinnern viele schmucke Bauten. Das **Stadhuis** (Grote Kerkhof 4), dessen älteste Abschnitte aus dem 13. Jh. stammen, schmücken eine Renaissancegiebelfassade sowie auffällige Pilaster am Seitenflügel. Wegen der romanischen Krypta ihres Vorgängerbaus lohnt die spätgotische **St. Lebuinuskerk** vis-à-vis den Besuch. In der einstigen Stadtwaage zeigt das **Historisch Museum Deventer** Exponate zur Geschichte, u.a. Gildensilber und Porzellan (Brink 56, Di–Sa 10–17, So 13–17 Uhr, www.deventermusea.nl). Im **Speelgoedmuseum** wird allerlei (Blech-)Spielzeug präsentiert (Brink 47, Di–Sa 10–17, So 13–17 Uhr).

Am ersten Sonntag im August findet am IJsselboulevard der größte niederländische Büchermarkt

Erst klas

statt. An fast 1000 Ständen werden auf einer Länge von 6 km überwiegend antiquarische Bücher verkauft.

Info

VVV
- Brink 56
- 7411 BV Deventer
- Tel. 05 70/71 01 20
- www.vvvdeventer.nl

Hotel

Royal ●●
Dezent im Retro-Look gehaltenes Haus mit Grand Café und gediegener Küche.
- Brink 94
- Tel. 05 70/61 18 80
- www.royal-deventer.nl

Zwischenstopp: Restaurant

't Arsenaal ●●
Französisch-holländische Kreationen, die in einer früheren Kapelle (15. Jh.) stilvoll serviert werden.
- Nieuwe Markt 33
- Tel. 05 70/61 64 95
- So geschl.

*Zwolle 14

Den von Grachten durchzogenen alten Kern der Provinzhauptstadt (122 000 Einw.) von Overijssel überragt der 90 m hohe Turm der gotischen **Onze-Lieve-Vrouwe- Basiliek** am Ossenmarkt. Sehenswerte Profanbauten der Hansestadt sind der Paleis van Justitie (Blijmarkt), das Vrouwenhuis am Melkmarkt, ein Altersheim für Dienstmädchen aus dem 18. Jh., sowie das spätgotische Stadttor Sassenpoort, der Rest der Stadtbefestigung im Süden. Das **Stedelijk Museum Zwolle** zeigt in einem Patrizierhaus alte Möbel bis in die Zeit des Jugendstils (Melkmarkt 41, Di–Sa 10–17, So 13–17 Uhr).

Barock in Deventer

Info

VVV
- Eiland 9
- 8011 PK Zwolle
- Tel. 0 38/4 21 38 44
- www.vvvzwolle.nl

Hotel

Fidder ●●
Geschmackvoll und opulent im Jugendstil eingerichtetes Haus in ruhiger Lage. Auch Familienzimmer.

Erst-! klassig

- Koningin Wilhelminastraat 6
- Tel. 0 38/4 21 83 95
- www.hotelfidder.nl

Zwischenstopp: Restaurant

De Librije ●●●
Zum Feinschmeckerimperium von Jonnie und Thérèse Boer, das in einem alten Dominikanerkloster stilvoll eingerichtet

Erst-! klassig ist, gehört nicht nur das beste Restaurant der Niederlande in der eleganten Bibliothek, sondern auch ein Laden mit hausgemachten Spezialitäten, ein Hotel, ein Atelier und ein Cateringservice.

- Broerenkerkplein
- Tel. 0 38/4 21 20 83
- www.librije.com
- Mo/Di geschl

Shopping

»Zwoller Bällchen« sind eine süße Hefeteigspezialität – im **Zwolse Balletjeshuis** (Grote Kerkplein 13) hergestellt nach altem Familienrezept.

Ausflug nach

*Hattem 15

Wären nicht die Autos, man könnte Hattem für ein Museumsstädtchen halten. In einem Häuschen lebte der Illustrator Anton Pieck (1895–1987). Viele seiner Arbeiten sind im **Anton-Pieck-Museum** in der Achterstraat ausgestellt (Di–Sa 10–17, So, Ferien auch Mo, 13–17 Uhr, www.antonpieckmuseum.nl). Das **Nederlands Bakkerij Museum** erstreckt sich über drei alte Gebäude und einen Holzofen (Kerkhofstraat 13, Di–Sa 10–17, Ferien auch Mo 13–17 Uhr, www.bakkerijmuseum.nl).

*Kampen 16

Heringe und Hansehandel brachten Geld in die Stadt (51 000 Einw.), die sich fotogen ans IJsselufer schmiegt. Das **Koornmarktspoort** (14. Jh.) an der südlichen IJsselkade ist eines der drei erhaltenen Stadttore. Über die Dächer der Bürgerhäuser erheben sich die Türme der Nikolaas-, Buiten- und Broederkerk sowie der schiefe Rathausturm. In der einstigen Synagoge am Lampetpoort zeigt das **Stedelijk Museum** sehenswerte Ausstellungen (Oudestraat 133, Di–Sa 10–17, So 13–17 Uhr, www.stedelijkemuseakampen.nl).

Info

VVV

- Oudestraat 151
- 8261 CL Kampen
- Tel. 0 38/3 32 25 22
- www.vvvijsseldelta.nl

Hotel

Van Dijk ●●

Geschmackvoll eingerichtete, zur Straße etwas laute Zimmer mit herrlicher Aussicht auf die IJssel.

- IJsselkade 30
- 8261 AC Kampen
- Tel. 0 38/3 31 49 25
- www.hotelvandijk.nl

Zwischenstopp: Restaurant

De Bottermarck ●●

Französisch inspirierte niederländische Küche, gute Fischplatten.

- Broederstr. 23
- Tel. 0 38/3 31 95 42
- So geschl.

Ausflug nach

Hasselt 17

Mit dem Boot können Freizeitkapitäne das alte Festungsstädtchen am Zwarte Water stilvoll ansteuern. Aber auch von Land kommend lohnt sich ein Streifzug durch die malerischen Gassen und die lindengesäumten Grachten. Auffallend sind die spätgotischen Bauten der Grote Kerk und des Oude Stadhuis.

Noordoostpolder

Früher, vor 1942, war der heutige Noordoostpolder ein flacher Teil der Zuiderzee und das Projekt Flevoland ein waghalsiger Plan. Nun sind die trocken gelegten Flächen dicht bewachsen und kühn bebaut. Geblieben ist lediglich der Hafen von **Urk** 18 (19000 Einw.), an dem vor allem Schollen und Seezungen verladen werden. In dem ehemaligen Fischerdorf sieht man noch ältere Menschen in der typischen schwarzen Urker Tracht samt klappernden Holzschuhen, und am Freitag wird nach calvinistischer Tradition der frische Fang direkt auf dem Hafengelände versteigert. Den Strom für die Kühlaggregate und vieles mehr produzieren moderne Windkraftanlagen auf den Polderwiesen.

st-!
assig

**Schokland 19

Völlig auf dem Trockenen liegt heute die ehemalige Insel Schokland, die seit dem 18. Jh. immer wieder vom Wasser überspült und schließlich 1859 auf Befehl des Königs vollständig evakuiert wurde. Die Reste des alten Schokker Hafens, die Warftkirche und einige restaurierte Mauern stehen als Weltkulturerbe unter dem Schutz der UNESCO, im Schokland-Museum ist die wechselvolle Geschichte der seit prähistorischer Zeit besiedelten Insel und ihrer Bevölkerung dokumentiert (Middelbuurt 3, Tel. 05 27/25 13 96, April–Okt. Di–So 11–17 Uhr, Juli/Aug. auch Mo, Nov.–März nur Fr–So).

Lelystad 20

Originell und manchmal verwirrend funktional gestaltete Wohngebiete charakterisieren die moderne Hauptstadt (75000 Einw.) von Flevoland, der jüngsten niederländi-

SEITENBLICK

Freilichtmuseen

Die bäuerliche Vergangenheit der Niederlande zeigt sich in den Freilichtmuseen des Landes von ihrer schönsten Seite. Die größte Sammlung an alten Bauernhäusern, Werkstätten und urigen Ladeneinrichtungen ist im **Nederlands Openluchtmuseum** bei Arnheim zu sehen › **S. 112**, während im autofreien Dorf Orvelte bei Borger, östlich von Assen, die typische Bauweise der Region Drenthe mit einer alten Schmiede und mehreren Handwerkshütten konserviert wurde. Im Kontrast dazu stehen die dunkelgrünen Fischerhäuser der nordholländischen Dorfidyllen, die u.a. in der **Zaanse Schans** aufgestellt sind › **S. 48**. Noch reizvoller als die offiziellen Museumslandschaften sind jedoch verträumte Kleinstädte wie Giethoorn › **S. 61**, Hattem › **S. 118** oder Bronckhorst › **S. 114**, in denen engagierte Nostalgiker den Alltag wie anno dazumal vorleben. Nur die Brillen, Armbanduhren und Mobiltelefone verraten, dass die Zeit hier nicht wirklich stehen geblieben ist.

schen Provinz, die fast vollständig dem Wasser abgetrotzt wurde. Benannt nach dem Initiator des Zuiderzee-Projekts, Cornelius Lely, ist das erst 1967 begründete Lelystad ein großes Modell für die Wohnwelt der Zukunft und öffnet gleichzeitig ein Fenster in die Vergangenheit: Nahe dem Deich Lelystad–Enkhuizen baut man seit dem Jahr 1995 in der Bataviawerft Repliken historischer Holzschiffe; daneben lockt das Outlet-Center Bataviahaven im Retro-Look (Oostvaardersdijk 1–9, tgl. 10–17 Uhr, Tel. 03 20/26 14 09, www.bataviawerf.nl).

Erst-klassig

Naturliebhaber schätzen den bemerkenswerten Vogelreichtum in den südöstlich gelegenen **Oostvaardersplassen,** einem der wichtigsten europäischen Feuchtbiotope. Anlaufstelle ist ein informatives Besucherzentrum (Kitsweg 1, April–Okt. Di–So 10–17, sonst 12–16 Uhr, Tel. 03 20/25 45 85).

Erst-klassig

LandArt – Kunst im Grünen

Vor allem in Flevoland, der Region ohne Geschichte, schmücken Kunstobjekte im Grünen die Szenerie.

- 178 akkurat gepflanzte Pappeln stellen nach dem Willen von Marinus Boezen am Tureluurweg in **Almere De Groenen Kathedraal** dar, eine in den Himmel wachsende Kopie der Kathedrale von Reims.
- Die 25 m hohe, aus 1782 Stahlknoten geformte Skulptur **Exposure,** die Figur eines kauernden Mannes von Antony Gormley, schaut vom Markerwarddijk in **Lelystad** auf das IJsselmeer hinaus.
- **Polderland Garden of Love and Fire** von Daniel Libeskind am Pampushavenweg in **Almere** ist eine rätselhafte Reihe von Metallstreben, die in der Sonne feurig heiß wird.
- Grasbewachsene Erdwellen rollen am Reigerweg von **Zeewolde** (30 km südöstl. von Almere) heran, wo Piet Slegers 1979 die **Aardzee** plastisch gestaltet hat.
- Der Ort **Valkensward** südlich von Eindhoven › S. 135 ist jeden Sommer Treffpunkt für **LandArt**-Künstler aus aller Welt. Viele der vergänglichen Objekte sind dann nur wenige Wochen lang zu sehen (www.landartinitiatief.nl).

Almere 21

Wer sich für moderne Architektur und eigenwillige Siedlungsprojekte interessiert, der wird in Almere (189 000 Einw.) fündig, einer nur 30 km von Amsterdam entfernten Spielwiese für Architekten. Seit 1975 wird an der am schnellsten wachsenden Stadt des Landes gebaut, Containerhäuser, Würfelapartments, Wohnwürmer und andere in Beton gegossene Experimente der modernen Stadtentwicklung sorgen immer wieder für Diskussionsstoff.

Erst-klassig

Aktuelle Flevoländer Trends aus Design, Fotografie und Architektur stellen sich in dem futuristischen Museum **De Paviljoens** einem kritischen Publikum (Odeonstraat 3, www.depaviljoens.nl, Mi–So 12–17 Uhr). Zudem setzen sich die Museumskuratoren dafür ein, dass immer neue LandArt-Projekte das flache Flevoland bereichern.

**Utrecht 22

Ein Blick in die Vergangenheit von Utrecht (321 000 Einw.), der Hauptstadt der gleichnamigen Provinz, offenbart römische Spuren. Aus dem antiken Kastell entwickelte sich eine fränkische Burg und mit der Erhebung zum Bischofssitz ein kulturelles Zentrum der Region.

Die Stadt besitzt schöne Klosterhöfe und Kirchen, sehenswerte Rokokoportale und Renaissancebauten. Im Zentrum steht die großartige ****Domkerk** im Stil der französischen Kathedralgotik. Der Grundriss ihres romanischen Vorgängerbaus (1674 zerstört) ist auf dem Domplatz eingelassen. Direkt daneben liegt die Universität mit ihrer auffälligen Renaissancefassade.

Das ****Centraal Museum** im Agnietenkloster zeigt in hellen, funktionalen Räumen Kunst aus sechs Jahrhunderten, Exponate zur Stadtgeschichte. Kleinen Besuchern widmet sich das Museum Kids Centraal (Nicolaaskerkhof 10, Di–So 11–17 Uhr, www.centraalmuseum.nl).

Eine Außenstelle des Museums ist das ****Rietveld-Schröderhuis,** ein Höhepunkt der funktionalistischen De-Stijl-Architektur und UNESCO-Weltkulturerbe. Das 1924 von Gerrit Rietveld für Truus Schröder entworfene Wohnhaus zeigt noch originales Mobiliar (Prins Hendriklaan 50, www.rietveldschroderhuis.nl, Mi–So 11–16 Uhr (letzter Einlass); da max. zehn Personen gleichzeitig das Haus betreten dürfen, empfiehlt sich Vorabreservierung: Tel. 0 30/ 2 36 23 10).

Im ***Museum van Speelklok tot Pierement** in der ehemaligen Buurkirche sorgen kuriose Musikautomaten für Unterhaltung, von der Spieldose bis zur Drehorgel (Steenweg 6, Di–So 10–17 Uhr, Tel. 0 30/ 2 31 27 89, www.museumspeelklok.nl). Das **Museum Maluku** dagegen widmet sich der ehemaligen niederländischen Kolonie der Molukken in Indonesien und dem Schicksal ihrer Bewohner (Kruisstraat 313, Di–Sa 11–17, So 12–17 Uhr, Tel. 0 30/2 36 71 16, www.museum-maluku.nl). Das **Aboriginal Art Museum** befasst sich mit der Kunst der australischen Ureinwohner; es zeigt außer Traumzeit-Bildern auch zeitgenössische Werke (Oudegracht 176, Di–Fr 10–17, Sa/So 11–17 Uhr, Tel. 0 30/2 38 01 00, www.aamu.nl).

Info

VVV
- Domplein 9
- 3512 JC Utrecht
- Tel. 09 00/1 28 87 32
- www.utrechtyourway.nl

Verkehr

Rederij Schuttevaer
Grachtenrundfahrten u. Bootsausflüge.
- Weerdsinge
- Tel. 0 30/2 31 93 77
- www.schuttevaer.com

Hotel

Malie Hotel ●●
Stilvolles Domizil in Uninähe mit Garten im parkähnlichen Maliebaan-Viertel.
- Maliestr. 2–4
- Tel. 0 30/2 31 64 24
- www.maliehotel.nl

› Karte S. 108

Zwischenstopp: Restaurants

Stimmungsvolle Restaurants liegen bei den Werftkellern der Oude Gracht, z.B.:

De Oude Muntkelder ●–●●
Herzhafte Pfannkuchen und solide Hausmannskost in altholländischem Flair.
- Oudegracht a/d Werft 112
- Tel. 0 30/2 31 67 73
- www.deoudemuntkelder.nl

Het Wachthuis ●●
Leckere Bioküche und feine Fischgerichte, serviert auf der schönen Gartenterrasse des alten Forts; auch die Innenräume haben viel Atmosphäre.
- Fort aan de Klop
- 1e Polderweg 4–6
- Tel. 0 30/2 66 05 55
- www.fortaandeklop.com

Shopping

Das Einkaufszentrum **Hoog Catharijne** lockt mit rund 180 luxuriösen Geschäften plus Kinos, Restaurants und Cafés.
- Catharijnebaan (Zugang über Hbf.)

**Amersfoort 23

Ein doppelter Grachtengürtel umschließt den malerischen historischen Stadtkern von Amersfoort (149 000 Einw.). Einmalig sind die an den alten Mauerring gedrängten Muurhuizen (Mauerhäuser) aus dem späten Mittelalter sowie die gotische **Grote Kerk** (Hof 1) mit ihrem Lettner (15. Jh.). Im 100 m hohen Onze-Lieve-Vrouwe-Toren erklingt das Hemony-Glockenspiel.

Als einziges Tor der ersten mittelalterlichen Stadtummauerung ist das **Kamperbinnenpoort** am Ende der Langestraat erhalten. Das **Koppelpoort** (14. Jh.), ein Relikt der zweiten Stadtummauerung, überwachte den nördlichen Zugang zur Stadt, das Wassertor **Monnikendam** kann man noch heute mit einer Tretmühle verschließen.

Amersfoort ist die Geburtsstadt von Piet Mondriaan (1872–1944). Das ***Mondriaanhuis,** wo der konstruktivistische Maler geboren wurde, und die angrenzende Schule wurden zum **Museum voor Constructieve en Concrete Kunst** mit Werken Mondriaans und einiger seiner Zeitgenossen umgestaltet (Kortegracht 11, Di–Fr 11–17, Sa/So 12–17 Uhr, www.mondriaanhuis.nl).

Info

VVV
- Breestraat 1
- 3818 LE Amersfoort
- Tel. 09 00/1 12 23 64
- www.vvvamersfoort.nl

Hotel

De Tabaksplant ●●
Freundliches, im Treppenhaus recht enges Hotel im Zentrum mit schönem Innengarten.
- Conickstr. 15
- Tel. 0 33/4 72 97 97
- www.tabaksplant.nl

Zeist 24

Wundervolle Villen prägen die Stadt (61 000 Einw.), die allein wegen **Slot Zeist** mit seinen grandiosen Gartenanlagen à la Versailles und den wechselnden Ausstellungen einen Stop lohnt (Zinzendorflaan 1, Di–Fr 11–17, Sa/So 13–17 Uhr, www.slot

zeist.nl). Zudem bieten sich viele Möglichkeiten für Touren zu Fuß oder mit dem Rad durch die großen Mischwälder der Umgebung.

Doorn 25

Aus der im 14. Jh. vom Bischof von Utrecht angelegten Ridderhofstad ging der Adelssitz Doorn (10 000 Einw.) hervor. Seit allerdings Wilhelm II., der letzte deutsche Kaiser, 1920 das ***Kasteel Huis Doorn** kaufte und dort sein Exil bis zu seinem Tod 1941 verbrachte, ist es mit der abgeschiedenen Idylle vorbei. Mehr als 80 000 Touristen besichtigen jedes Jahr des Kaisers Grab, das Landgut mit dem prächtigen Keizerlijk Rosarium und die Sammlung wertvoller Kunstschätze, die er auf der Flucht aus Berlin mitnahm. Wegen Subventionskürzung droht dem Haus die Schließung für Besucher (Langbroekerweg 10, Mai–Sept. Di–So 13–17, sonst nur Mi, Sa, So 13–17 Uhr, Tel. 03 43/ 42 10 20, www.huisdoorn.nl).

Hilversum 26

Mit ihren Sendeanlagen bildet die Stadt (86 000 Einw.) das Herzstück der nationalen Medienlandschaft. Sehenswert ist das **Museum Hilversum,** das sich mit Architektur, Landschaft und Städtebau befasst (Kerkbrink 6, Di–Sa 11–17, So 12–17 Uhr, www.museumhilversum.nl). Am **Loosdrechtse Plassen** südlich der Stadt liegen schöne Herrensitze. Das attraktive Wassersportgebiet entstand durch den Torfabbau.

Ausflug: Wehrhafte Vergangenheit

Wälle und Mauern umschließen das sternförmige Festungsstädtchen ***Naarden** 27, an dessen umkämpfte Vergangenheit das Vestingsmuseum (Westwalstraat 6, www.vestingmuseum.nl) erinnert. Das bemalte hölzerne Tonnengewölbe in der gotischen Vituskerk lohnt einen Blick.

Prächtig dominiert das Kasteel Muiderslot die künstliche Festungsinsel Pampus in **Muiden** 28. Das Reichsmuseum im Schloss hat die alte Ritterherrlichkeit zum Thema (Herengracht 1, 1398 AA Muiden, Tel. 02 94/25 62 62, www.muiderslot.nl, Mo–Fr 10 bis 17, Sa/So 12–18, sonst nur Sa/So 12–17 Uhr).

Im Stadtkern von Amersfoort

Der vielfältige Süden

Das Beste!

- Wie einst die feinen Herrschaften durch die Gärten von Schloss Arcen schlendern › S. 134
- In den Gourmetrestaurants von Maastricht lustvoll sündigen › S. 129

Lebensfroh und weltoffen präsentiert sich der vom nahen Flandern geprägte Süden der Niederlande seinen Besuchern. Seine Städte halten viele Sehenswürdigkeiten bereit.

Die grenznahe Region im abwechslungsreichen Dreiländereck zwischen Belgien, Deutschland und den Niederlanden ist weit mehr als ein Ausflugsziel für Tagestouren. Die Strände der Nordseeküste, die die meisten Besucher anziehen, sind weit entfernt, aber die reiche Historie von Städten wie Roermond und Thorn und der südliche Lebensstil sind äußerst attraktiv. Maastricht, eine der ältesten Städte der Niederlande und Hauptstadt der Provinz Limburg, ist ein geschichtsträchtiger Ort; hier wurde 1992 der Vertrag über die Europäische Union unterzeichnet. Die Restaurants der Stadt können mit zahlreichen kulinarischen Spezialitäten aufwarten und stehen bei Feinschmeckern seit jeher hoch im Kurs.

An die Zeit des Bergbaus in Limburg erinnern die unterirdischen Attraktionen in Heerlen, noch älter sind die römischen Katakomben von Valkenburg. Quer durch die Provinz Limburg führt zudem eine ausgeschilderte Schlösserroute, während im Noord-Brabant – nicht nur kulinarisch – die Nähe zu Belgien und das gemeinsame flämische Erbe zu spüren sind. In 's-Hertogenbosch, der Hauptstadt der Provinz, wurde um 1450 der Maler Hieronymus Bosch geboren, dessen Werk bis heute Rätsel aufgibt.

Oben: Typisch für die Provinz Limburg: Weiden entlang der Kanäle

Links: Kubuswohnungen in Helmond

› Karte S. 127

Tour in der Region

Tour 15 Hügeliges Dreiländereck

Tour-Übersicht:

Verlauf: **Venlo › Roermond › Thorn › Heerlen › Valkenburg › Maastricht**

Dauer: 2 Tage (ca. 110 km)

Praktische Hinweise:

- Ein Auto empfiehlt sich. Sa und So verkehrt in Roermond der Gratis-Shopping-Bus, der u. a. das Designer-Outlet ansteuert.

Tour-Start:

Für Niederländer sind es schon Berge, die sich südlich von Venlo erheben, auch wenn der höchste Hügel am Dreiländereck mit rund 300 m Höhe bescheiden ausfällt. Eindrucksvoller sind die Täler, in die sich malerische Dörfer und prächtige Schlösser schmiegen.

Venlo › **S. 133** ist eine moderne, grenznahe Handelsstadt, als Shopping- und Besichtigungsziel genießt jedoch **Roermond** › **S. 131** mehr Attraktivität: Ein Outletcenter und der Puppenstubencharme der Altstadt bieten genügend Programm für einen Abschluss des Reisetags.

Am zweiten Tag geht es zu den weiß gekalkten Häuschen von ***Thorn** › **S. 133** und ins Jugendstil-Bergbaustädtchen **Heerlen** › **S. 130**. Während der Sommermonate ist ***Valkenburg** › **S. 129**, die Stadt der Gärten, Schlösser und Mergelgrotten, ein trubeliges Ausflugsziel, während man in der Altstadt ***Maastricht** › **S. 127** südliches Laisser-faire lebt – hier lässt man die kleine Reise am besten bei einem exquisiten Essen ausklingen.

Sint Servaasbasiliek

Wichtige Adressen

VVV Limburg

- Kleine Staat 1
- 6211 ED Maastricht
- Tel. 0 43/ 3 25 21 21
- www.vvvlimburg.nl

Brabants Bureau voor Toerisme

- Statenlaan 4
- 5042 RX Tilburg
- Tel. 0 13/ 4 65 67 16
- www.vvvbrabant.nl

Unterwegs im Süden

*Maastricht 1

In der Hauptstadt der Provinz Limburg (122 000 Einw.) ist man stolz darauf, dem typischen Hollandklischee nicht zu entsprechen: keine Tulpenfelder, keine Windmühlen, keine Käselaibe. Dafür pflegt man das barocke Lebensgefühl, gespeist von der katholischen Tradition und der Nähe zu Flandern.

Ob Niederländer, Belgier oder Deutsche, alle flanieren sie gerne durch die lebensfrohe, weltoffene Universitätsstadt an der Maas mit ihren zahlreichen Terrassencafés und ausgezeichneten Restaurants, mit originellen Boutiquen, bunten Märkten und nach Weihrauch duftenden Kirchen.

Die von den Römern gegründete Stadt Mosae Trajectum wurde wegen ihrer strategisch günstigen Position häufig belagert. Nach 1621 war die älteste Stadt des Landes auch seine größte Festung. Als 1830 das Königreich Belgien gegründet wurde, lag Maastricht mit einem Federstrich im regionalen Abseits, ihr Dornröschenschlaf endete erst mit der europäischen Gemeinschaft. 1991/1992 wurde durch den Vertrag von Maastricht die EU begründet.

Von den Parkplätzen am Bahnhof kommend geht man über die schmale, siebenbogige **Sint Servaasbrug,** die älteste der fünf Brücken, in die Altstadt. Ein Blick zurück streift den nostalgischen Stadtteil Wijk am Ostufer der Maas, nach Westen wei-

Tour im Süden

Tour 15

Hügeliges Dreiländereck

Venlo › Roermond › Thorn › Heerlen › Valkenburg › Maastricht

› Karte S. 127

sen die massiven Türme des Doms den Weg ins historische Herz.

Lebendiger Mittelpunkt der Altstadt ist der Platanen bestandene **Vrijthof,** tatsächlich ein einstiger Friedhof. Am letzten Augustwochenende wird auf dem Platz das

Erst-! klassig

bekannte Schlemmerfestival Preuvenemint gefeiert › **S. 33.**

Die **Sint Servaasbasiliek** ist das Wahrzeichen der Stadt. Der Dom, eine romanische Kreuzbasilika, wurde über dem Grab des hl. Servatius (um 1150) errichtet; im Mittelalter war er Sitz der kaiserlichen Kanzel, schließlich ist die Residenzstadt Aachen nicht weit. Neben dem Grabmal Karls von Lothringen ist das prächtige Bergportaal sehenswert. Zu den Prunkstücken der Schatzkammer gehört der Schrein von Servatius, des ersten Bischofs von Maastricht (tgl. 10–18 Uhr).

Auch der auffällige, 68 m hohe rote Turm der gotischen **St. Janskerk** schräg gegenüber prägt das Panorama des beeindruckenden Hauptplatzes (Mai–Okt. Mo–Sa 11–16 Uhr). Im Kapitelhaus **Spaans Gouvernement** aus dem 14. Jh. mit seinem italienisch anmutenden Arkadenhof hat ein Museum mit Kunstgegenständen aus dem 17. und 18. Jh. einen traumhaft schönen Platz gefunden (Vrijthof 18, Mi–So 13–17 Uhr).

Die **Onze-Lieve-Vrouwe-Basiliek,** ehemals ein wichtiger Bestandteil der städtischen Festungsanlagen,

Erst-! klassig

wird als die schönste romanische Kreuzbasilika des Landes bezeichnet, trotz ihres mystisch-dunklen Innenraumes. Die ursprüngliche Funktion des Baus mit seinen beiden Treppentürmen an der Westfassade ist noch gut zu erkennen, in der Schatzkammer findet man sakrale Pretiosen (Mai–Sept. Mo–Sa 11 bis 17, So 13–17 Uhr).

Im Schatten der Kirchen sind viele Bürgerhäuser im Stil der Gotik und der maasländischen Renaissance erhalten, darunter das **Dinghuis** (15. Jh., Kleine Staat 1) und das **Pesthuis** (18. Jh., Vijf Koppen).

Maastrichts bedeutendstes und schon optisch auffälliges Museum, das **Bonnefantenmuseum,** wurde nach Plänen des Stararchitekten Aldo Rossi aus Mailand gebaut. Der futuristische Klinkerbau mit dem zinkgrünen Turm beherbergt archäologische Funde aus Limburg sowie eine bedeutende Gemäldegalerie. Neben Werken alter Meistern finden dort auch innovative Kunstprojekte der Gegenwart einen reizvollen Rahmen (Di–So 11–17 Uhr, www.bonnefanten.nl). Das Museumscafé Ipanema lockt mit feinen Snacks und einem großartigen Blick über die Maas hinüber zur Wohnanlage Stoa, einem modernistischen Klinkerklotz.

Südlich der Altstadt kann man am Waldeckpark das in Jahrhunderten durch Kalk- und Mergelabbau entstandene Grottenlabyrinth im **Sint Pietersberg** besuchen. Einige der über 250 km langen Gänge, die der Bevölkerung auch als Schutz- und Lagerräume dienten, kann man besichtigen (Luikerweg 71, April–Okt. Mo–Sa Führungen 12.30, 14 und 15.30 Uhr, So auch 11 Uhr, www.sintpietersberg.org).

Info

VVV

- Kleine Staat 1
- 6211 ED Maastricht
- Tel. 0 43/3 25 21 21
- www.vvvmaastricht.nl

Hotels

Kruisherenhotel ●●●

Im ehemaligen Kloster aus dem 15 Jh. samt seiner gotischen Kirche haben der Designer Henk Vos und Lichtkünstler Ingo Maurer einmalige Zimmerkunstwerke eingerichtet.

- Kruisherengang 19–23
- Tel. 0 43/3 29 20 20
- www.chateauhotels.nl

Town House Hotel ●●

Neues bereits beliebtes Designhotel beim Bahnhof, durchgestylte Zimmer mit sehr guten Betten.

- St. Maartenslaan 5
- Tel. 0 43/3 21 11 11
- www.townhousehotels.nl/de

Zwischenstopp: Restaurants

Château Neercanne ●●●

Erstklassiges Gourmetrestaurant im Schloss, serviert werden französische Küchenkreationen von Hans Snijders.

- Cannerweg 800
- Tel. 0 43/3 25 13 59
- Mo geschl., Sa nur abends.

Beluga Centre Céramique ●●●

Das Team von Sternekoch Hans van Wolde sorgt mit tollen Menü-Variationen und coolen Events für Schlagzeilen.

- Plein 1992
- Tel. 0 43/3 21 33 64
- www.rest-beluga.com
- So/Mo geschl.

Charlemagne ●

Eetcafé an einem der schönsten Plätze der Stadt.

- Onze-Lieve-Vrouweplein 24
- Tel. 0 43/3 21 93 73
- www.cafecharlemagne.nl
- tgl. bis 23 Uhr

Shopping

In den schick restaurierten Häusern des Stokstraat-Viertels locken Boutiquen mit aktueller Damenmode und Accessoires. In der Dominikanerkerkstraat bietet die in eine ehemalige, 800 Jahre alte Kirche integrierte Buchhandlung Selexyz eine üppige Auswahl, v. a. englische Literatur.

Erst-! klassig

*Valkenburg aan de Geul 2

Als einer der bedeutendsten Urlaubsorte des Landes ist das romantische Städtchen (18 000 Einw.) in der Saison recht überlaufen. Bereits 1885 wurde hier das erste Fremdenverkehrsbüro des Landes eröffnet.

Auf dem Fels über der pittoresken Altstadt thront die **Kasteelruine,** der imposante Rest der Wehrburg der Herren von Valkenburg (12. Jh.; Juli–Anfang Sept. tgl. 10–18, sonst bis 17 Uhr; Jan. geschl., sonst kürzer, www.kasteelvalkenburg.nl).

Sehenswert sind zudem die **Romeinse Katakomben,** ein Nachbau frühchristlicher römischer Begräbnisstätten (Plenkertstr. 55, Führungen April bis Aug. tgl. 11–16 sonst nur Sa/So 14 Uhr, Tel. 0 43/6 01 25 54, www.katakomben.nl), sowie die **Gemeentegrot,** ein künstliches Höhlenlabyrinth mit Lourdesgrotte

› Karte S. 127

und See, das in die weichen Mergelschichten unter der Stadt gegraben wurde (Cauberg 4, Führungen saisonabhängig, Juli–Sept. 10.30–17 Uhr, sonst kürzer, Tel. 0 43/6 01 22 71, www.gemeente grot.nl).

Info

VVV

- Theodoor Dorrenplein 5
- 6301 DV Valkenburg
- Tel. 09 00/97 98
- www.vvvzuidlimburg.nl

Hotels

In der Provinz liegen fünf Schlosshotels, die exquisite Arrangements anbieten (www.chateauhotels.nl), darunter das

Château Sint Gerlach ●●●
Luxushotel mit tollem Wellnessbereich inmitten der Schlossgärten im Limburger Hügelgebiet.

- Joseph Corneli Allee 1
- Tel. 0 43/6 08 88 88

De Burghoeve ●●
Familienfreundliches Mittelklassehotel im gemütlichen Landsitz. Einige Zimmer haben kein eigenes Bad. Fahrradfahrer sind willkommen, auch Radverleih.

- De Broekhem 134
- Tel. 03 47/75 04 04
- www.hoteldeburghoeve.nl

Zwischenstopp: Restaurant

De Gouden Leeuw ●●
Große Auswahl an klassischer holländischer Küche, Kindermenüs und feinen Muschelgerichten.

- Grotestraat Centrum 49
- Tel. 0 43/6 01 25 79
- www.restaurantgoudenleeuw.nl

Heerlen 3

Die Bergarbeiterstadt (88 000 Einw.) mit den schicken Jugendstilhäusern im renovierten Zentrum hat die Schließung der Limburger Kohlengruben gut bewältigt. Am Stadtrand liegen Antike und Moderne dicht beieinander. So sind die überdachten Badeanlagen, die im ***Thermenmuseum** zu besichtigen sind, ein einzigartiges Relikt aus der Römerzeit (Coriovallumstraat 9, Di bis Fr 10–17, Sa/So 12–17 Uhr, www.thermenmuseum.nl). Gegenüber erhebt sich das moderne Rathaus mit der städtischen Galerie **Stadsgalerij Heerlen** (Bongerd 18, Di–Fr 11–17, Do bis 20 Uhr, Sa/So 13–17 Uhr).

Info

VVV

- Bongerd 19
- 6411 LH Heerlen
- Tel. 09 00/97 98
- www.vvvzuidlimburg.nl

Ausflüge ins Grüne

Nur wenige Kilometer nach Süden muss man fahren, um direkt am **Dreiländerpunkt** 4 Niederlande–Belgien–Deutschland auf dem – zugegeben alpinistisch unspektakulären – höchsten Punkt des flachen Landes zu stehen, immerhin 321 m über dem Meeresspiegel! Wer will, kann beim Abstieg vom Vaalser Berg seinen Orientierungssinn im riesigen Heckenlabyrinth Drielandenpunt einmal auf die Probe stellen (Viergrenzenweg 97, 6291 BM Vaals, www.drielandenpunt.nl, En-

Erst klas

de März–Okt. tgl. 10–18 Uhr). Doch Vorsicht: Nicht nur Büsche, auch Wasserdüsen versperren den Weg.

Ein weiteres attraktives Ziel ist der Landschaftspark **Wereldtuinen Mondo Verde** bei Landgraaf, nordöstlich von Heerlen, der mit seiner Mischung aus Skulpturenpark, Tiergarten und prächtiger Pflanzenschau begeistert (Groene Wereld 10, Tel. 0 45/5 35 01 61, April–Okt. tgl. 10–18 Uhr, sonst bis 17 Uhr).

Im Nordwesten liegt das ***Kasteel Hoensbroek,** die größte Wasserburg zwischen Rhein und Maas. Ihre ältesten Bauteile stammen aus dem 14. Jh., wobei der Komplex im Wesentlichen im 17. Jh. neu entstand. Mehr als 50 kostbar möblierte Räume des Haupttraktes sind zugänglich, für Kinder gibt es spezielle Ritter-Events (www.kasteelhoensbroek.nl, tgl. 10–17.30 Uhr).

Sittard 5

Erste Siedlungsspuren reichen in der grenznahen Festungs- und späteren Handelsstadt (48 000 Einw.) zurück bis zu den Bandkeramikern. Heutzutage macht es einfach Spaß, durch die pittoresken Gassen zu bummeln und sich vom Flair früherer Jahrhunderte verzaubern zu lassen – die gut erhaltenen Stadtmauern, sorgsam restaurierte Giebel und Kirchen, aber auch mehrere schöne Plätze erzählen spannende Geschichten. Sehenswert ist die spätgotische ***St. Petruskerk** (Kerkplein), deren Chorgestühl (15. Jh.) überreich mit filigranen Schnitzfiguren geschmückt ist.

Blick auf Valkenburg von der Burg aus

Roermond 6

Malerisch erhebt sich die Silhouette von Roermond (56 000 Einw.) gen Himmel. Das geistliche Zentrum der katholischen Provinz Limburg hat im Zweiten Weltkrieg sehr gelitten, doch sind einige Zeugnisse aus der etwa 750-jährigen Kulturgeschichte in gutem Zustand erhalten.

Die ****Onze-Lieve-Vrouwe-Munsterkerk** stellt ein herausragendes Beispiel der romanisch-gotischen Baukunst im Kulturraum Rhein-Maas dar. Die vier Türme des schlichten Zisterzienserbaus ergänzte aber erst der in Roermond geborene Stararchitekt P. J. H. Cuypers im 19. Jh. – sie erinnern stilistisch stark an die Dome von Trier und Speyer. Weit und licht wirkt das Innere des Münsters; die Seitenschiffe tragen Emporen, die Bogen stützen sich auf romanische Kapitelle. Zum

Erst-! klassig

Interieur gehört ein beeindruckend schöner Brabanter Schnitzaltar. Unter der Kuppel stehen die Sarkophage der Gründer Graf Gerard III. und Margaretha von Brabant (Munsterplein, April–Okt. So–Fr 10–17, Sa 10–16 Uhr). Der Musikpavillon von Cuypers neben der Kirche wird für Konzerte genutzt.

Am Markt stehen das **Stadhuis** mit seinem mittelalterlichen Kellergewölbe und dem fröhlichen Glockenspiel sowie die **St. Christoffelkathedraal** aus dem 15. Jh. Deren wertvollster Schmuck ist ein Sakramentaltar im Renaissancestil. Bemerkenswert sind auch die Kanzel (18. Jh.) sowie die Epitaphien der Roermonder Bischöfe (Grote Kerkstraat, April bis Okt. tgl. 14–17 Uhr).

Immer wieder fallen beim Stadtbummel die in Nischen platzierten Figuren von Brunnenheiligen auf, die früher oberhalb der Wasserpumpe aufgestellt wurden. Noch heute tragen sie als Zeichen der Verehrung frischen Blumenschmuck.

Erst-! klassig

Originelle Museen

- **Tassenmuseum Hendrikje**
  Frauen werden schwach, wenn sie im Amsterdamer Tassenmuseum vor weltberühmten Handtaschen und schrägen Entwürfen en masse stehen – nicht nur zum Schauen, sondern im Museumsladen auch zum Kaufen.
  Herengracht 573
  Tel. 0 20/5 24 64 52
  www.tassen museum.nl
  tgl. 10–17 Uhr).
- Das **Mosterdfabriekje de Hoge Molen** in Zierikzee ist Senfmuseum und Feinkostgeschäft gleichermaßen. › S. 81
- John, Paul, George und Ringo werden im **Beatles-Museum** von Alkmaar detailverliebt verehrt – da wird auch schon mal ein verschwitztes Handtuch bestaunt. › S. 99
- **Nederlands Strijkijzer Museum**
  Das Museum erinnert an Generationen von schweren, unhandlichen Bügeleisen ohne Dampffunktion.
  Noorderstraat 4
  9635 TG Noordbroek
  Tel. 05 98/45 20 75
  geöffnet nach Voranmeldung).
- Im Land der Fahrräder sollte das **Nationaal Fietsmuseum Velorama** von Nijmegen schon einen Besuch wert sein. › S. 110

Info

VVV

- Markt 17
- 6041 EG Roermond
- Tel. 04 75/33 58 47
- www.vvvroermond.nl

Hotel

Roermond ●●

Einfaches, freundlich geführtes Haus mit 50 Zimmern und angeschlossenem Eetcafé Het Roerpotje am belebten Bahnhofsplatz; deshalb nicht gerade leise, aber gute Fenster.

- Stationsplein 9/13
- Tel. 04 75/31 65 48
- www.hotelroermond.nl

Zwischenstopp: **Restaurants**

Kasteeltje Hattem ●●

Schlossrestaurant mit exquisiter französischer Küche.

- Maastrichterweg 25
- Tel. 04 75/31 92 22
- So Ruhetag.

Brasserie Entree ●●
Landestypisches Eetcafé mit feiner Auswahl an kleineren Gerichten (Pfannkuchen und hausgemachte Pasteten).
- Markt 20
- Tel. 04 75/33 01 55
- Mo, Do, Fr 9–20.30, Sa 7–20.30, So 11–20.30 Uhr.

Shopping

Erst-klassig

Für Naschkatzen bieten die Konditoreien der Stadt Roermonder Boomstammetjes, Feingebäck mit zartester Trüffelfüllung und Schokoladenüberzug, sowie die schaumigen Christoffeltaartjes mit Mokka und Schokolade an.
Im **Designer Outlet Roermond**
- Stadsweide 2
- www.designer-outlet-roermond.com

findet man in über 100 Läden die Kollektionen namhafter Labels zu attraktiven Preisen.

*Thorn 7

Das winzige Städtchen mit den kleinen weißen Häusern an Gassen mit Knubbelpflaster, die ihm den Beinamen »weiße Stadt« eingebracht haben, wirkt außerordentlich gemütlich. Aus der Vergangenheit der Abdijkerk und ihres Klosters gibt es eine Reihe pikanter Histörchen zu erzählen. Einst befand sich hier eine souveräne Abtei des »Heiligen Römischen Reiches Deutscher Nation«. Die Töchter europäischer Fürsten brachten sich selbst und ihre Mitgift ein, lebten frei von anderswo üblichen klösterlichen Zwängen und betrachteten die kirchliche Einrichtung als eine Art Heiratsinstitut.

Nicht nur Thorn selbst, sondern auch die sanfte Landschaft ringsherum bietet sich für einen Aufenthalt an. Die krummen Wege zwischen hübschen Pappelwäldchen verlocken zu längeren Fahrradtouren; auf den Wiesen stehen dekorative Kopfweiden.

Info

VVV
- Wijngaard 8
- 6017 AG Thorn
- Tel. 04 75/56 10 85
- www.vvvthorn.nl

Hotel

La Ville Blanche ●●
Angenehmes Hotel mit gemütlichen, charmant eingerichteten Zimmern, Terrassencafé und Restaurant.
- Hoogstraat 2
- 6017 AR Thorn
- Tel. 04 75/56 23 41

www.hotellavilleblanche.nl

Venlo 8

Einst Festungsstadt, wurde der Verkehrsknotenpunkt (100 000 Einw.) im Zweiten Weltkrieg schwer bombardiert. Die moderne Stadt wird gerne von Rheinländern besucht, die hervorragendes Gemüse von den Großbauern der Region kaufen. Sehenswert sind das **Stadhuis** am Markt (erbaut 1601, Erneuerung 1888) im Renaissancestil sowie die **St. Martinuskerk** (1411; Grote Kerkstraat 28) mit schönem Chorgestühl.

› Karte S. 127

Hotel

Hotel Puur ●●–●●●

30 Zimmer in reduziertem Schick von kuschelig bis maritim, Luxusapartments mit Eichendielen, Events im Kochstudio und ein vielgelobtes Restaurant machen das Puur zum trendigen Treff.

- Parade 7a
- 5911 CA Venlo
- Tel. 0 77/3 51 57 90 www.hotelpuur.nl

Zwischenstopp: Restaurant

Valuas ●●

Brasserie mit ausgezeichneter internationaler Küche.

- St. Urbanusweg 11
- Tel. 0 77/3 54 11 41
- So Ruhetag

Ausflug nach *Arcen und Lottum

Nicht nur optisch eine Pracht sind die Parkanlagen des nördlich von Venlo gelegenen Wasserschlosses ***Arcen** **9** (17. Jh.), die Kasteeltuinen. Auf 32 ha blühen im Frühsommer rund 20 000 Rosen, grünen 150 000 botanische Schätze, sprießen mehr als eine Million Zwiebelgewächse. Einige thematische Mustergärten, darunter eine asiatisch inspirierte Landschaft, können ebenso besichtigt werden wie der moderne Glasbau Casa Verde, in dem eine Vielzahl subtropischer Pflanzen gedeiht. Im Schloss finden Ausstellungen statt (Lingsforterweg 26, Ende April–Ende Okt. tgl. 10–18 Uhr, Tel. 0 77/4 73 60 10, www.kasteeltuinen.nl).

Erst-klassig

Wer gar nicht genug von der Pflanzenpracht bekommen kann, sollte auch noch das hübsche Rosendorf **Lottum** **10** nördlich von Arcen besuchen: Prächtig blühende Züchtungen, informative Gartentouren und ein verführerischer Shop sind die Trümpfe im Rosarium Lottum (Broekhuizerweg 55, www.rosariumlottum.com, Mo–Fr 8–18, Sa 8–17, April–Okt. auch So 10–17 Uhr).

Hotel

Door & Roos ●

Liebevoll individuell eingerichtetes B&B im ehemaligen Postgebäude, mit elegantem Tee- und Kaffeesalon, gemütlicher Terrasse und – natürlich – mit einem duftenden Rosengarten.

- Markt 16
- 5973 NR Lottum
- Tel. 0 77/8 50 18 84
- www.doorenroos.com

Ausflug ins Moor

Westlich von Venlo bieten sich die Moorgebiete ***Marienveen, *Helena Peel** sowie die südwestlich anschließende Hochmoorlandschaft des ***Nationalparks Groote Peel** **11** mit einem weiten Netz an Wanderwegen entlang von Entwässerungskanälen für Spaziergänge und Touren zur Vogelbeobachtung an.

Auf dem Rückweg nach Venlo lohnt sich ein Besuch im originellen **Nationaal Asperge- en Champignonmuseum** im hübschen Ort **Horst** **12**. Hier dreht sich alles um den Anbau von Spargel und Pilzkulturen (Koppertweg 5, www.delocht.nl, April

Kasteeltuinen – die Parkanlagen von Schloss Arcen

bis Okt. tgl. 11–17 Uhr, sonst nur Sa/So). Wem das nicht reicht, der kann auch noch das nahe gelegene Erdbeerenmuseum samt Selbstpflückfeld ansteuern (Kreuzelweg 3, www.aardbeienland.nl, April–Okt. Di–So 11–17, Pflücken Juni–Aug. 13.30–15.30 Uhr).

Eindhoven 13

Die durch die Philips-Glühlampenfabrik bekannt gewordene Industriestadt (218 000 Einw.) investiert nicht nur in Infrastruktur, sondern auch in Kunst und Kultur. So schmückt sich das **Stedelijk van Abbemuseum** mit einer beachtlichen Sammlung moderner Meister wie Picasso und Chagall (Bilderdijklaan 10, Tel. 0 40/2 38 10 00, Di–So 11–17 Uhr, www.vanabbemuseum.nl).

Im **Historisch Openluchtmuseum** hat man ein steinzeitliches Dorf aufgebaut, am Sonntag proben dort Freiwillige das Leben als Steinzeitmensch, jedoch ohne Mammutjagd (Boutenslaan 161b, Tel. 0 40/2 52 22 81, April–Okt. tgl. 11–17 Uhr, www.eindhovenmuseum.nl).

Das **Philips Museum** erzählt die Geschichte des Elektrogiganten von der kleinen Glühmittelfabrik, die Gerard Philips 1891 gründete, bis hin zur heutigen weltweit operierenden Konzerngruppe (Emmasingel 31, Di–So 11–17 Uhr, Führungen buchbar unter Tel. 0 40/2 35 90 30, www.philips-museum.com).

Jeweils im September erinnert die **Lichtjesroute** drei Wochen lang mit nächtlichen Lichtinstallationen an die Befreiung der Stadt im Zweiten Weltkrieg (www.lichtjesroute.nl). Erst-! klassig

Hotel

Pierre ●●
Gediegen-schickes Businesshotel mit gepflegtem Restaurant und großem Parkplatz.

- Leenderweg 80
- 5615 AB Eindhoven
- Tel. 0 40/2 12 10 12
- www.hotelpierre.nl

Ausflug nach

Nuenen 14

Vor allem die Verehrer von Vincent van Gogh kommen in den Ort nördlich von Eindhoven, wo der Maler 1883 bis 1885 im Pfarrhaus lebte; sein Vater war Prediger im Ort. Hier entstand u. a. sein berühmtes Bild »Die Kartoffelesser«. Das neue **Vincentre** informiert über die frühe Schaffensphase des später als eigenwillig bekannten Malers Van Gogh (Berg 29, Di–So 10–16 Uhr, www.vangoghvillagenuenen.nl).

**'s-Hertogenbosch 15

»Den Bosch« (142 000 Einw.) entstand im Frühmittelalter um ein Kastell und erhielt 1185 die Stadtrechte. Mit Hieronymus Bosch (um 1450–1516) ging der Name seiner verwinkelten Heimatstadt am Herzogenwald in die Kunstwelt ein, doch trifft man hier kaum auf Spuren des malenden Visionärs. Zwei ihm zugeschriebene Türbilder befinden sich in der fünfschiffigen ****Sint Janskathedraal**, die zu den schönsten Sakralbauten der Brabanter Gotik zählt. Das Gewölbe des prachtvollen Innenraums tragen 150 Pfeilerbündel. Beachtung verdienen ferner die Taufkapelle, das Chorgestühl sowie die reichen Ornamente an den Portalen und Fassaden (Juni–Sept. tgl. 9–17 Uhr, sonst eingeschränkt).

Weitere Sehenswürdigkeiten sind das **Stadhuis** (Markt) mit seinem klassizistischen Giebel, der prächtigen Eingangshalle, dem Ratssaal und den gotischen Kellergewölben sowie das elegante **Zwanenbroedershuis** (Hinthamerstraat 94), einst Sitz einer angesehenen religiösen Bruderschaft. Das moderne **Provinciehuis** schmückt sich mit einer Dauerausstellung von Skulpturen und Wandteppichen zeitgenössischer niederländischer Künstler (Mo bis Fr 9–17 Uhr).

SEITENBLICK

Bootstouren auf der Binnendieze

Am Smallehaven von 's-Hertogenbosch legen von Mai bis September täglich Ausflugsboote ab, die malerische Ziele entlang der Binnendieze ansteuern. Gemütlich kann man so Heusden › S. 137, das schmucke Woudrichem und die Festungsstadt Zaltbommel an der Waal erkunden.

- **Rederij Wolthuis**
  Leunweg 17
  Tel. 0 73/6 31 20 48
  www.rederijwolthuis.nl und
- **Stichting Binnendieze,**
  Tel. 09 00/ 2 02 01 78
  www.binnendieze.nl

Info

VVV

- Markt 77
- 5211 JX 's-Hertogenbosch
- Tel. 0 73/6 12 71 70
- www.vvvdenbosch.nl

Hotels

Mövenpick Hotel ●●

Aufmerksam geführtes Hotel mit großzügigen Zimmern, Sauna und Fahrrad-

verleih in einem Standard-Zweckbau an einem kleinen See.
Pettelaarpark 90
5216 PH 's-Hertogenbosch
Tel. 0 73/6 87 46 74
www.moevenpick-denbosch.com

Campanile Den Bosch ●●
Gepflegtes Hotel mit kleinen Zimmern und Lokal, 6 km nördlich des Zentrums.
- Goudsbloemvallei 21–25
- Tel. 0 73/6 42 25 25
- www.campanile-s-hertogenbosch.nl

Zwischenstopp: Restaurant

De Opera ●●
Holländisches, belgisches und burgundisches Slowfood, tolle Weinkarte.
- Hinthamerstraat 115-117
- Tel. 0 73/6 13 74 57
- www.de-opera.nl
- Di–Sa 17–22 Uhr.

Das Herz von Brabant

Heide, Wälder, kleine Festungsstädtchen und der Familien-Freizeitpark De Efteling › **S. 18** machen die Region nördlich von Tilburg attraktiv: In **Heusden** 16 faszinieren ein Ensemble von rund 400 Häusern aus dem 16./17. Jh. sowie die vorbildlich restaurierte Festung.

Der idyllische Charakter trug **Oisterwijk** 17 (19 000 Einw.) den Titel »Perle von Brabant« ein. Den offiziellen Namen verdankt sie ihrer Lage nördlich eines 600 ha großen Heide- und Waldgebiets, dem Naturschutzpark **Oisterwijkse Vennen.** Die Moorseen sind beliebte Erholungsgebiete. Infos hält das Bezoekerscentrum bereit (Van Tienhovenlaan 5, April–Okt. Di–So 10–17 Uhr, sonst kürzer, Tel. 0 13/ 5 21 92 09).

Infos von A–Z

Ärztliche Versorgung

Zwischen den Niederlanden, den EU-Ländern und der Schweiz besteht ein Sozialversicherungsabkommen, d.h. theoretisch ist der Versicherungsschutz durch die Europäische Krankenversichertenkarte abgedeckt. Wird sie nicht akzeptiert, muss man die Behandlung oder Medikamente sofort bezahlen und erhält in der Regel gegen Quittung die Kosten bzw. einen Kostenanteil von seiner Krankenkasse erstattet. Grundsätzlich ist der Abschluss einer privaten Reisekrankenversicherung sinnvoll.

Apotheken: Mo–Fr 9–17 Uhr geöffnet; Notdienste sind veröffentlicht.

Behinderte

Die meisten öffentlichen Einrichtungen und Museen sind behindertengerecht gebaut. Der ANWB vertreibt den Reiswijzer voor Gehandicapten, eine Broschüre mit wertvollen Informationen, leider aber nur auf Holländisch. Zudem finden sich Erfahrungsberichte körperbehinderter Reisender im Internet (www.mis-infothek.ch). Auf der offiziellen Tourismusseite der Niederlande (www.holland.com/de) sind inzwischen keinerlei Informationen für Touristen mit Handicap mehr aufzufinden.

Diplomatische Vertretungen

- **Deutsche Botschaft,** Groot Hertoginnelaan 18–20, 2517 EG Den Haag, Tel. 0 70/3 42 06 00, www.den-haag.diplo.de
- **Deutsches Generalkonsulat:** Honthorststraat 36–38, 1071 DG Amsterdam, Tel. 0 20/5 74 77 00
- **Österreichische Botschaft:** Van Alkemadelaan 342, 2597 AS Den Haag, Tel. 0 70/3 24 54 70, www.aussenministerium.at/denhaag
- **Österreichisches Generalkonsulat:** c/o Fresacher Advocaten, Officia 1, De Boelelaant, 1083 HJ Amsterdam, Tel. 0 20/4 71 24 38
- **Schweizer Botschaft:** Lange Voorhout 42, 2514 EE Den Haag, Tel. 0 70/3 64 28 31, www.eda.admin.ch/denhaag
- **Schweizerisches Konsulat:** De Lairessestraat 97, 1071 NX Amsterdam, Tel. 0 20/7 17 34 16

Drogenpolitik

Noch sind die Niederlande eines der wenigen Länder, die den privaten Konsum von weichen Drogen wie Haschisch und Marihuana weitgehend tolerieren. In den etwa 1500 Koffieshops können diese Drogen unter staatlicher Aufsicht in kleinen Mengen gekauft werden, das Rauchen von Tabak ist dort verboten. Ausländer müssen nach Auskunft des Justizministeriums damit rechnen, jederzeit kontrolliert zu werden.

Einreise

Reisende aus Deutschland, Österreich und der Schweiz müssen sich ausweisen. Anerkannt werden Reisepass, Personalausweis und Führerschein.

Feiertage

Offizielle Feiertage sind: 1. Januar (Neujahr), Ostern und Pfingsten (jeweils So/Mo), 30. April (Königinnentag), 5. Mai (Befreiungstag), Christi Himmelfahrt, 1. und 2. Weihnachtstag.

Geld

Die Niederlande gehören zur Euro-Zone der EU. Zahlung mit EC- oder Kreditkarte ist fast überall möglich. Die meisten Banken verfügen über Geldautomaten.

Haustiere

Für Hunde und Katzen muss der EU-Heimtierausweis mitgeführt werden, der bei Tierärzten erhältlich ist.

Information

In den niederländischen Ferienregionen bieten die Fremdenverkehrsbüros (VVV, Vereniging voor Vremdelingenverkeer) eine Fülle von Informationsmaterial; gegen Gebühr kann man dort auch Zimmer reservieren. Bei der Reiseplanung hilft das

- **Niederländische Büro für Tourismus & Convention (NBTC),** Postfach 27 05 80, 50511 Köln, Tel. 02 21/ 92 57 17-0, www.holland.com/de (Es ist auch für Österreich und die Schweiz zuständig.)

Internetcafés

In den Städten bieten viele Cafés, Kneipen sowie Hotels und Jugendherbergen kostenlose Internetzugänge und WiFi-Verbindungen an.

Kinos

Niederländische Kinos sind auch für ausländische Besucher interessant, denn es werden alle Filme im Original mit Untertitel gezeigt. Synchronisierte Fassungen sind kaum bekannt. In den meisten Städten gibt es wöchentlich einen Kinotag mit ermäßigten Preisen.

Museen

Wer mehrere Museen im Land besuchen will, sollte sich die preisgünstige Museumjaarkaart besorgen (Erwachsene 44,95 €, unter 25-Jährige 22,50 € zzgl. Bearbeitungsgebühr von 4,95 €; Passbild nötig). Die Karte ist ein ganzes Kalenderjahr gültig und berechtigt zum freien Eintritt in mehr als 400 Museen im ganzen Land (außer Sonderausstellungen). Erhältlich ist sie bei den VVV-Büros oder an den Museumskassen (www.museum.nl oder www.museumjaarkaart.nl, nur auf Niederländisch).

Notfälle

Landesweiter Notruf: Tel. 112.

Öffnungszeiten

- **Banken:** Mo–Fr 9–16 Uhr; Filialen größerer Bankhäuser in den Großstädten haben oft bis 17 Uhr geöffnet.
- **Geschäfte:** 8.30/9–18/18.30, Sa bis 16/17 und Mo ab 13 Uhr. Do oder Fr langer Abend *Koopavond* bis 21 Uhr.

Das Ladenschlussgesetz erlaubt längere Öffnungszeiten sowie den Verkauf an Sonntagen. Größere Geschäfte und Lebensmittelketten nutzen dies auch aus.

Parken/Parkhäuser

Alle Parkplätze in den Innenstädten sind gebührenpflichtig; den Berechtigungsschein zieht man aus einem der Parkautomaten. In Amsterdam kostet eine Stunde Parken in der Regel um die 5 €, Tageskarten mindestens 30 €. Günstiger sind die in vielen Städten angebotenen Park&Ride-Plätze mit Anschluss an öffentliche Verkehrsmittel.

Das BUSSGELD für eine Radklemme *(wielklem)* liegt bei mindestens 105 €, sie wird aber nur noch bei Langzeitparkern angebracht und

Urlaubskasse	
Tasse Kaffee	2,10 €
Softdrink	1,90 €
Glas Bier	1,90 €
Stockbroodje (Sandwich)	3,50 €
Kugel Eis	1,20 €
Taxifahrt (Kurzstrecke)	14,50 €
Mietwagen/Tag	ab 45 €
1 l Superbenzin	ca. 1,55 €

betrifft Touristen daher so gut wie nicht mehr. Sollte das Auto abgeschleppt worden sein, kann sich die Geldbuße auf mehr als 250 € erhöhen. Alle Bußgelder sind sofort zu bezahlen. Kreditkarten und Schecks werden akzeptiert. Infos zum abgeschleppten Auto unter Stadstoezicht, Tel. 0 20/2 51 33 22.

Post (PTT)

Postämter sind mit roten Schildern PTT (Post-Telegraaf-Telefoon) gekennzeichnet (Mo–Fr 8.30–17 Uhr, teils auch Sa vormittags). In den Bahnhöfen gibt es keine Postfilialen. Annahmestellen für Faxe und Telegramme sind in den Großstädten rund um die Uhr betriebsbereit.

Postgebühren: Für Postkarten und den Normalbrief (bis 20 g) in EU-Länder und die Schweiz beträgt das Porto 67 Cent.

Rauchen

In der Öffentlichkeit und am Arbeitsplatz ist das Rauchen verboten. In Lokalen kann ein Raucherraum ausgewiesen sein, in dem jedoch kein Servicepersonal eingesetzt wird. Wer in öffentlichen Gebäuden und öffentlichen Verkehrsmitteln (Bahn, Bus, Taxi) inklusive aller Bahnhöfe nicht von seiner Zigarette lassen kann, wird auf spezielle Raucherzonen verwiesen.

Sicherheit

In den größeren Städten, v. a. in Amsterdam und Rotterdam, treiben Taschen- und Trickdiebe ihr Unwesen. Die Zahl der Delikte mag sich in Grenzen halten, doch empfiehlt es sich insbesondere in den Touristengebieten, Geldbörsen und Handtaschen sehr sorgfältig im Auge zu behalten. Generell sollen Wertsachen nicht im Auto liegen bleiben. Nach Einbruch der Dunkelheit meidet man dunkle Gassen und Parks besser.

Taxi

Taxifahren ist teuer. Eine preiswerte Alternative (allerdings nur für Bahnreisende) ist das Treintaxi der niederländischen Eisenbahn › S. 17.

Telefon/Handy

Es gibt so gut wie keine der giftgrünen Telefonzellen mehr, die mit einer Telecard funktionieren. Telefonate aus dem Hotelzimmer sind deutlich teurer.

Mobiltelefone funktionieren in den Niederlanden problemlos. Viele unterschiedliche Betreibergesellschaften liefern sich einen Tarifkampf, sodass die Gebühren häufig wechseln.

Internationale Vorwahlnummern:

- Deutschland: 00 49
- Österreich: 00 43
- Schweiz: 00 41
- Niederlande: 00 31

Toiletten

Größere Kaufhäuser und Museen sind mit öffentlichen Toiletten ausgestattet. Die hygienischen Zustände sind in der Regel gut; ansonsten findet man bei Bedarf nur in Lokalen ein stilles Örtchen.

Trinkgeld

Wie überall freuen sich Kellner und Zimmermädchen über ein finanzielles Dankeschön. Restaurantrechnungen sollte man großzügig aufrunden. Taxifahrer erwarten ca. 10 % Trinkgeld.

Zollbestimmungen

Für Reisende aus EU-Ländern ist die Ein- und Ausfuhr von Waren des persönlichen Gebrauchs sowie von höchstens 800 Zigaretten, 200 Zigarren, 90 l Wein und 10 l Spirituosen zollfrei.

Schweizer dürfen Waren bis maximal 300 CHF zollfrei ein- oder ausführen, zudem 200 Zigaretten oder 50 Zigarren, 50 ml Parfüm, 1 l Spirituosen über oder 2 l unter 22 Vol.-%.

Register

Bildnachweis

Coverfoto Kinderdijk © laif/Heiko Meyer
Fotos Umschlagrückseite © iStockphoto/Romana smiers (links); LOOK-foto/age fotostock (Mitte), Fotolia/Maria Fürhacker (rechts)
Alamy/Art Kowalsky: 14; Alamy/Bildarchiv Monheim: 117; Alamy/Danita Delimont: 111; Alamy/ICP: 123; Alamy/Paul Shawcross: 105; APA/Greg Gladman: 38; APA Publications/Bill Wassman: 8, 86, 112, 131; Bildagentur Huber/Gräfenhain: 10, 21, 49, 59; Bildagentur Huber/G. Simeone: 31; Egon Boesten: 65; F1online/age/P. Narayan: 92; Fotolia/dzain: U2-4; Fotolia/Eric Gevaert: 114; Fotolia/Lsantilli: 70; Fotolia/will tilroe-otte: 22; Getty Images/Olaf Kraak: 32; iStockphoto/Klaas Lingbeek-van Kranen: 116; iStockphoto/olof van der steen: U2-1; Jahreszeitenverlag/Marion Beckhäuser: 1, 36; Jahreszeitenverlag/Roland E, Jung: 4; laif/Futh: 78; laif/Gonzalez: 52, 80, 98; laif/Hollandse Hoogte: 18, 50, 66, 104; laif/G. Huber: 6; laif/Kristensen: 84; LOOK-foto/age fotostock:U2-2, 24; LOOK-foto/Heinz Wohner: 69; mauritius images/imagebroker/Günter Lenz: 124; Ulf Müller-Moewes: 17; Niederländisches Büro für Tourismus: 60; Shutterstock/TonyV3112: 45; Shutterstock/Tony Taylor Stock: 71; W. & J. Schwartz-Barelds: 87, 125; WEB Gallery of Art: 97; Wikipedia/EWIJ: 135; Ernst Wrba: U2–3, 39, 41, 61, 63, 93, 126.

Impressum

Herausgeber: TRAVEL HOUSE MEDIA GmbH, München
Verlagsleitung: Michaela Lienemann
Redaktionsleitung: Grit Müller
Autoren: Egon Boesten, Siggi Weidemann, Dirk Sievers und Christine Rettenmeier
Redaktion: bookwise GmbH, München
Bildredaktion: Ulrich Reißer
Visuelle Neukonzeption und Layout: Gramisci Editorialdesign, München,
und Ute Weber, Geretsried
Titeldesign-Konzept: Gramisci Editorialdesign, München, und Ute Weber, Geretsried
Karten und Pläne: Sybille Rachfall
Satz: Ute Weber, Geretsried
Druck: Stürtz Mediendienstleistungen, Würzburg

Dieses Buch wurde auf chlorfrei gebleichtem Papier gedruckt.
ISBN 978-3-8464-0706-6

www.polyglott.de

Liebe Leserin, lieber Leser,

wir freuen uns, dass Sie sich für diesen Polyglott on tour entschieden haben.
Unsere Autorinnen und Autoren sind für Sie unterwegs und recherchieren sehr gründlich, damit Sie mit aktuellen und zuverlässigen Informationen auf Reisen gehen können.
Dennoch lassen sich Fehler nie ganz ausschließen. Wir bitten Sie um Verständnis, dass der Verlag dafür keine Haftung übernehmen kann.

Ihre Meinung ist uns sehr wichtig. Bitte schreiben Sie uns:
TRAVEL HOUSE MEDIA GmbH, Redaktion Polyglott, Grillparzerstraße 12, 81675 München,
redaktion@polyglott.de

Langenscheidt Mini-Dolmetscher Niederländisch

Allgemeines

Guten Morgen.	Goedenmorgen. [chujə**mor**chə]
Guten Tag. (nachmittags)	Goedendag. [chujə**dach**]
Hallo!	Hallo! [ha**loh**]
Wie geht's?	Hoe gaat het? [hu‿**chah**‿tət]
Danke, gut.	Goed, dank u wel. [**chutt**, dang‿kü **well**]
Ich heiße ...	Ik heet ... [ig‿**heht**]
Auf Wiedersehen.	Tot ziens. [tott**ßinß**]
heute	vandaag [fan**dach**]
morgen	morgen [**mor**chə]
gestern	gisteren [**chiß**tərə]
vormittags	's morgens [ß**mor**chəß]
nachmittags	's middags [ß**mid**dachß]
Abend	avond [**ah**wənd]
Nacht	nacht [nacht]
Sprechen Sie Deutsch / Englisch?	Spreekt u Duits / Engels? [**ßprehk**‿tü **döitß** / **eng**əlß]
Wie bitte?	Wat zegt u? [**watt sech**tü?]
Ich verstehe nicht.	Ik begrijp het niet. [ig bə**chräip**‿ət nit]
Sagen Sie es bitte noch mal.	Wilt u het alstublieft herhalen? [**will**tü‿ət aßtü**blift** här**hah**lə]
..., bitte	... alstublieft [aßtü**blift**]
Danke	Bedankt. [bə**dankt**]
Keine Ursache.	Graag gedaan. [chrah‿chə**dahn**]
was / wer / welcher	wat / wie / welke [watt / wih / **wäll**kə]
wo / wohin	waar / waar naartoe [wahr / wahr nahr**tu**]
wie / wie viel	hoe / hoeveel [hu / hu**wehl**]
wann / wie lange	wanneer / hoe lang [wan**nehr** / hu**lang**]
Wie heißt das?	Hoe heet dat? [hu **het** datt]
Wo ist ...?	Waar is ...? [wahr‿iß]
Können Sie mir helfen?	Kunt u mij alstublieft helpen? [**könn**tü mäi aßtü**blift häll**pə]
ja	ja [jah]
nein	nee [neh]
Entschuldigen Sie.	Neemt u mij niet kwalijk. [**nehm**tü‿mäi nit **kwah**lək]
Das macht nichts.	Geeft niet. [chehft nit]
Wie komme ich zur Touristeninformation?	Hoe kom ik naar de V.V.V.? [hu **kom**mig nahrdə wehweh**weh**?]

Shopping

Wo gibt es ...?	Waar kan ik ... krijgen? [**wahr** kannig ... kräichə]
Wie viel kostet das?	Hoeveel kost dat? [**hu**wehl **koß**tat]
Haben Sie etwas Billigeres?	Hebt u iets goedkopers? [hepptü‿itß chutt**koh**pərß]
Geben Sie mir 100 g Käse / zwei Kilo Pfirsiche.	Geeft u mij een ons kaas / twee kilo perziken. [**chehf**tü mäi ən **onß kahß** / **tweh** kiloh **pär**sikə]
Haben Sie deutsche Zeitungen?	Heeft u Duitse kranten? [**hehf**tü **döit**ßə **krann**tə]
Wo kann ich telefonieren / eine Telefonkarte kaufen?	Waar kan ik telefoneren / een telefoonkaart kopen? [**wahr** kannig telefoh**neh**rə / ən tele**fohn**kahrt kohpə]

Essen und Trinken

Die Speisekarte, bitte.	De menukaart, alstublieft. [də mə**nü**kahrt aßtü**blift**]
Brot	brood [broht]
Kaffee	koffie [**ko**ffi]
Tee	thee [teh]
mit Milch / Zucker	met melk / suiker [mett melk / **ßöi**kər]
Orangensaft	sinaasappelsap [**ßi**nahßappəlßapp], jus d'orange [sehü dorösch]
Können Sie mir bitte noch ... bringen?	Kunt u mij alstublieft nog ... brengen? [**könn**tü mäi aßtü**blift** noch ... brängə]
Suppe	soep [ßup]
Fisch / Meeresfrüchte	vis / schaaldieren [wiß / **ßchahl**dihrə]
Fleisch / Geflügel	vlees / gevogelte [wlehß / chə**woh**chəltə]
vegetarische Gerichte	vegetarische gerechten [weche**tah**rißə chə**räch**tə]
Eier	eieren [**äi**ərə]
Salat	salade [ßa**lah**də]
Dessert	dessert [dä**ßährt**]
Obst	fruit [fröit]
Eis	ijs [äiß]
Wein	wijn [wäin]
weiß / rot / rosé	wit / rood / rosé [witt / rohd / roßeh]
Bier	bier [bihr]
Mineralwasser	mineraalwater [mineral**wah**tər]
mit / ohne Kohlensäure	spa rood / blauw [ßpah rohd / blau]
Ich möchte bezahlen.	De rekening, alstublieft. [də **reh**kəning aßtü**blift**]